Holger Ahrens

60 plus ◉
Ruhestand mit Genuss

Band 2 der Reihe «Alter mit Zukunft»

www.alter-mit-zukunft.de

Holger Ahrens

60plus ◉

Ruhestand mit Genuss

Mit einer frühzeitigen Planung
ein gutes und selbstbestimmtes
Leben im Alter

Eine autobiographische Erzählung mit
vielen lebenspraktischen Tipps und Hinweisen

Bibliografische Information der Deutschen Nationalbibliothek: Die Deutsche Nationalbibliothek verzeichnet diese Publikation in der Deutschen Nationalbibliografie; detaillierte bibliografische Daten sind im Internet über http://dnb.dnb.de abrufbar.

Die automatisierte Analyse des Werkes, um daraus Informationen insbesondere über Muster, Trends und Korrelationen gemäß §44b UrhG („Text und Data Mining") zu gewinnen, ist untersagt.

© 2025 Holger Ahrens -   CoverDesign: © Sven Ahrens

Verlag: BoD · Books on Demand GmbH, In de Tarpen 42, 22848 Norderstedt, bod@bod.de

Druck: Libri Plureos GmbH, Friedensallee 273, 22763 Hamburg

ISBN: 978-3-7693-2655-0

Bildnachweise: (Seitenzahlen)
Eigene: 14,19,39,46,49,55,65,119,125;
Web.de: 27,33,132,143,150,153,157,158,168,180,184,193;
HP-Vorlagen: 139,145,164,178,199;
Seniorenbeirat Hannover 52; FreiwilligenZentrum Hannover: 53.

Inhaltsverzeichnis

Vorbemerkungen

Der griechische Philosoph Sokrates soll schon vor rund 2.400 Jahren gesagt haben:

„Um im Alter sorgenfrei zu sein,
muss man in der Jugend gut planen".

Ich halte auch heute für ein gutes und selbstbestimmtes Leben im Alter eine sorgfältige Vorbereitung auf den Ruhestand als die vielleicht beste Zeit des Lebens für wichtiger denn je.

Es gibt keine beruflichen Pflichten mehr, den ganzen Tag nur Freizeit, die Kinder sind aus dem Haus, viel Zeit für mögliche Hobbys, Reisen und andere Aktivitäten. Das alles ist schön und gut, funktioniert aber nur, wenn man auch tatsächlich so leben und alles genießen kann.

Was aber ist, wenn die Gesundheit nicht mitspielt oder das Einkommen nicht reicht oder die Wohnung ungünstig liegt oder Arztpraxis, Apotheke und Einkaufsmöglichkeiten nicht zu Fuß erreichbar sind ?

Und das Autofahren nicht mehr möglich ist und auch ein ÖPNV nicht oder nur selten genutzt werden kann?

Meine Frau Marion und ich beschäftigen uns seit Jahren ausgiebig mit den Fragen über das Leben im Alter. Das liegt an den eigenen familiären Erfahrungen und auch an den Erlebnissen mit anderen Paaren und Familien. Wir haben dabei auch bemerkt, dass eine fehlende oder falsche Vorsorge-planung fatale Folgen haben kann.

Das Leben wird bekanntlich schon von Geburt an geplant. Es geht weiter mit der Schul- und der Ausbildungsplanung. Dann werden Studium und Beruf geregelt und vielleicht gibt es auch eine Familienplanung. Es können Wohnungs- und auch Haus-planung folgen und zwischendurch immer Reise- und Urlaubsplanungen und viele andere mehr.

Und wird auch an das Alter gedacht?

Nach meiner Einschätzung nur wenig und wenn, dann wird das Thema schnell wieder verdrängt. Es ist das Altern aber ein wesentlicher Teil des Lebens. Es verläuft abgesehen von Unglücks-, Krankheits- oder Todesfällen in bestimmten Stadien.

In verschiedener Hinsicht bedeutet die Zeit um das 21. Lebensjahr als „erwachsener Mensch" einen Schnittpunkt für das Altern.

Nach der rechtlichen Definition endet damit die Zeit des Heranwachsens nach der einige Jahre zuvor erreichten Volljährigkeit. Und biologisch betrachtet altert der Mensch bereits ab 20 Jahren.

Der Alterungsprozess beginnt also schon ziemlich früh und damit auch die neue Zukunft des Lebens: Das Altern.

Diese Zukunft und Entwicklung lässt sich (noch) nicht aufhalten. Sie bringt viele Veränderungen und Herausforderungen mit sich, die sowohl körperlicher als auch psychischer oder sozialer oder finanzieller Art sein können.

Beispiele dafür haben Sie sicherlich in Ihrem persönlichen Umfeld auch schon in einer unterschiedlichen Art und Weise wahrgenommen und kennengelernt.

Das Altern ist also mit Nebenwirkungen verbunden, die sich beim Individuum Mensch unterschiedlich auswirken. Für alle gilt dabei, dass sie weder jünger noch gesünder und auch nicht intelligenter werden.

Sie können im Laufe der Jahre zwar schlauer, reifer, einsichtiger, verträglicher, reicher, lustiger oder ähnliches werden. Das ändert aber nichts am permanenten Abbau der körperlichen und geistigen Leistungsfähigkeit.

Es können dennoch sowohl die künftige Lebensqualität im Alter durch geeignete Vorsorgemaßnahmen verbessert als auch die negativen Auswirkungen durch ein eigenes aktives Engagement minimiert werden.

Ich halte es daher für besonders wichtig, das Bewusstsein für das Thema „Altern" zu stärken, damit die Menschen auch aktiv werden und für sich selbst darauf mit geeigneten und persönlich passenden Maßnahmen reagieren.

Dafür soll Ihnen dieses Buch mit Beispielen, Hinweisen und Informationen die Anregungen für Überlegungen, Planungen und Entscheidungen geben, Ihr Leben auf das Alter vorzubereiten und mit den richtigen Maßnahmen auch in die Tat umzusetzen.

Nur abzuwarten und auf bessere Zeiten zu hoffen, hilft nicht wirklich. Und der Glaube, es wird schon alles gut gehen, trifft nur in ganz, ganz wenigen Ausnahmefällen zu.

Kapitel 1 – Leben und Wohnen

1.1 Die Vorgeschichte

Wie alles begann

Es ist ein sonniger Frühlingstag im Mai 2019. Meine Frau Marion und ich sitzen auf der Terrasse unseres Hauses in einem Dorf der zum Landkreis Northeim gehörenden Gemeinde Kalefeld, die neben unserem Dorf noch zehn weitere Ortschaften hat. Während wir an dies und das denken und auch über die bisherigen Jahre im Ruhestand und unsere aktuellen gesundheitlichen Probleme sowie die wieder vielen anstehenden Haus-, Grundstücks- und Gartenpflegearbeiten reden, sagt Marion spontan, dass wir doch unser Haus verkaufen und in eine Mietwohnung ziehen könnten. Dann sei alles viel einfacher.

Ich staune erst, greife dann den Gedanken auf und finde diesen irgendwie interessant und spannend.

Wir sind seit einigen Jahren im Rentenalter nicht mehr richtig zufrieden mit unserer Lebenssituation im Dorf.

Zum einen stört uns der ständige Unterhaltungs- und Pflegeaufwand des Hauses und des Gartens und zum anderen hat nach unserem Empfinden das gesellschaftliche Leben sowohl in unserem nachbarschaftlichen Umfeld als auch im gesamten Dorfbereich nicht mehr den Wohlfühlcharakter wie zu früheren Zeiten. Eigentlich wollen wir nicht wirklich bis zum Lebensende in dem für uns allein zu großen Einfamilienhaus mit einem ausgebauten Dachgeschoss und einem tausend Quadratmeter großen Grundstück leben.

Darüber hinaus haben wir durch unsere vorübergehenden gesundheitlichen Beeinträchtigungen sehr deutlich die Konsequenzen der vor Ort fehlenden Gesundheits- und Versorgungseinrichtungen wahrgenommen und damit die Abhängigkeit von einem Auto oder einem ähnlichen Fortbewegungsmittel. Ohne diese wären wir aufgeschmissen und notfalls von fremder Hilfe oder kostenpflichtigen Fahrdiensten abhängig.

Wir wollen unseren Kindern nicht zumuten, dass sie sich um ihre alten Eltern kümmern und ihnen helfen müssen. Das mag in einer Großfamilie oder in einem landwirtschaftlichen Familienbetrieb etwas anders sein. Unsere Kinder würden sich auch kümmern, doch wollen wir das nicht. Marion und ich wollen für uns selbst entscheiden, wie und wo wir im Alter die letzten Jahre auch im Fall eines Hilfe-, Betreuungs- oder Pflegebedarfs leben wollen.

Das geht aber nur in einer größeren Stadt mit einer besseren Auswahl an passenden Versorgungs-, Betreuungs- und Pflegeangeboten.

In einer solchen Situation kommen die Fragen nach möglichen Veränderungen gerade recht. So entschließen wir uns – kurz gesagt – unser Haus zu verkaufen und in die nächste Großstadt zu ziehen. Wir haben jetzt vierzig Jahre in unserem Haus gelebt und mit dieser Zeit in unserem Dorf waren die schönsten Jahre unseres Lebens verbunden.

Eine Vermietung des Hauses, eine Immobilienrente, ein Rückmietverkauf oder ähnliches sind für uns keine Option, da wir weiterhin mit dem Haus und den Rechtsfolgen irgendwie verbunden wären.

Es dauert nicht lange und wir befinden uns in der niedersächsischen Landeshauptstadt Hannover.

Mit dem sprichwörtlichen Sprung ins kalte und tiefe Wasser sind wir nun in unserem neuen Leben gelandet. Die ganze Geschichte mit dem Verkauf des Hauses und dem Umzug sowie den ersten Schritten in der neuen und ungewohnten Umgebung wird in meinem Buch **„KOMM – Wir ziehen in die Stadt"** erzählt, das im April 2023 veröffentlicht worden ist.

Fünf Jahre später

An einem leicht verregneten Wochentag im Februar 2024 gehen Marion und ich ein paar Schritte zur Bushaltestelle in der Nähe unserer Wohnung in Hannover und fahren mit einem Bus zum Hauptbahnhof. Dort treffen wir uns mit einem ehemaligen Kollegen und seiner Frau sowie der Witwe eines Kollegen, die zusammen mit der Bahn aus dem Südharz angereist sind.

Wir hatten uns mit ihnen schon vor längerer Zeit zu einem Treffen verabredet, das aber zweimal verschoben werden musste. Nun gehen wir mit ihnen eine Runde durch die Innenstadt und dann in eine Lokalität, in der wir über dieses und jenes reden. Dabei kommt auch das Thema „Wohnen im Alter" zur Sprache, als ich den Kollegen direkt frage, ob er schon konkret darüber nachgedacht habe.

Das habe er, ist seine Antwort. Er denke vor allem an das Haus, das mit einem größeren Garten unterhalten und gepflegt werden müsse, was er im weiteren Alter nicht mehr im erforderlichen Umfang leisten könne.

Es müsse dann für jede Arbeit jemand gefunden und bezahlt werden. Das bereite ihm Sorgen und so habe er sich bereits über ein am Rand der nahegelegenen Stadt geplantes Wohnprojekt einer gemeinnützigen Wohnungsbaugesellschaft erkundigt.

Dort soll ein kleinerer Wohnkomplex mit altersgerechten Wohnungen verbunden mit Hilfsangeboten, wie einem Fahrdienst, geschaffen werden.

So etwas könne er sich nach einem Verkauf des Hausgrundstücks gut vorstellen, was aber noch nicht auf Gegenliebe bei seiner

Frau stoße, die sich dazu noch nicht entschließen könne. Auf meine Frage, wie lange
sie noch warten wollen, antwortet er mit
einem Schulterzucken.

Ein ähnliches Problem hat auch die uns gut
bekannte Witwe mit ihrem Zweifamilienhaus,
in dem sie seit dem Tod ihres Mannes allein
wohnt. Die beiden Söhne sind weiter weg und
keiner will das Haus übernehmen. Die
Problematik mit ihren Überlegungen will sie
schon seit längerer Zeit mit ihren Söhnen
besprechen. Dazu ist es bisher aber noch
nicht gekommen. Das Haus verkaufen wolle
sie auf jeden Fall, meint sie dazu, jedoch
wisse sie das Weitere noch nicht genau.

Es komme sowohl eine Mietwohnung im
nah entfernten Stadtzentrum infrage als auch
ein Umzug in die Nähe des einen Sohnes mit
seiner Familie. Es ist also auch in diesem
Fall das Problem erkannt, aber noch keine
Regelung und Lösung in Sicht.

Diese beiden Beispiele mit Menschen aus
Kleinstädten und deren Ortschaften mit
einem eher dörflichen Charakter zeigen eine
Problematik, die so oder in einer ähnlichen
Art und Weise überall vorkommen kann, sich
aber mehr oder weniger auch verhindern
lässt.

Die Menschen müssen sich nur mit den bereits absehbaren und auch möglichen Schwierigkeiten im Alter rechtzeitig beschäftigen und dabei mit praktischen sowie rechtlichen Entscheidungen und Regelungen vorsorgen.

Es hilft nichts, ewig abzuwarten und auf die Entscheidungen anderer zu hoffen, die dann nicht den eigenen Vorstellungen und Wünschen entsprechen müssen. Dann hat man, wenn andere die Dinge für einen regeln müssen, als Mensch im Alter kein selbstbestimmtes Leben mehr.

Marion und ich kennen aus unserem Bekanntenkreis noch mehrere Beispiele von Haushalten mit Witwen oder Witwern sowie Paare mit einem Betreuungs- oder Pflegebedarf. Diese sind mit ihren Lebensumständen nicht wirklich zufrieden. Daran lässt sich jetzt nicht mehr viel ändern. Wenn der eine Teil in einem auswärtigen Pflegeheim lebt und der andere Teil in der bisherigen Wohnung bleiben will, ist das nicht die Situation, die Marion und ich uns für unsere letzte Zeit des Lebens vorstellen. Wenn es aber anders kommen sollte, können wir das nicht ändern. Wir haben aber abgesprochen und geregelt, wie der überlebende Teil dann sein weiteres Leben gestalten kann.

Alles Weitere muss dem Lauf des Lebens überlassen bleiben.

Ich kann die Menschen verstehen, die darauf hoffen, so lange wie möglich in ihrer bisherigen und vertrauten Lebensumgebung bleiben zu können. Das mag in wenigen Fällen auch gelingen, führt jedoch häufiger zu Situationen, in denen die verbleibende Zeit bis zum Lebensende anders verläuft als gedacht.

Das mag auch daran liegen, dass es in der ländlichen Umgebung unser früheren Gemeinde und auch im Bereich der nächsten Kleinstädte für die unterschiedlichen Wohn- und Pflegebedarfe kaum passende Betreu- ungsangebote gibt.

Als Alternative in einem Betreuungs- oder Pflegefall ist dort nur die Möglichkeit einer vollstationären Unterbringung vorhanden. Die Frage lautet dann: Pflegeheim oder Betreuung zu Hause? Und die weitere Frage stellt sich bei einer häuslichen Pflege: Wer stellt diese neben dem ambulanten Pflegedienst ergänzend rund um die Uhr sicher?

Die Menschen, die auf dem Land leben, haben im Alter kaum eine Auswahl an Möglichkeiten des Betreuten Wohnens, einer Wohngemeinschaft, eines Mehrgenerationenhauses, eines Seniorenwohnheimes, eines Altenwohnzentrums oder einer Hauspflegegemeinschaft. Auf die möglichen Wohnformen im Alter gehe ich im Kapitel 2.2 ausführlicher ein.

Und was ist mit unserer alten Heimat ?

Die Bevölkerungssituation wird in den ländlichen Bereichen nicht besser. Die im Landkreis Northeim gelegene Gemeinde Kalefeld, in der wir zuletzt vierzig Jahre lebten, hat mit einer Einwohner-zahl von knapp über 6.000 in elf Ortschaften in  den zehn Jahren von 2011 bis 2021 einen Bevölkerungsrückgang von über 8% zu verzeichnen.

Dabei allein in der zweiten Hälfte des Zeitraumes einen Verlust von 5%. Diese Daten sind aus dem „Wegweiser Kommune" von der Bertelsmann-Stiftung (Quelle: *www.wegweiser-kommune.de/daten*).

Wenn diese Entwicklung sich so fortsetzt, leben in dem Gemeindebereich Kalefeld mit elf Ortschaften dann in hundert Jahren rechnerisch keine Menschen mehr. Das ist aber nur ein Rechenbeispiel und berücksichtigt keine Geburten oder Zuzüge.

Mit diesem Bevölkerungsverlust kann sogar meine Geburtsstadt Osterode am Harz, in der ich 45 Jahre berufstätig war, nicht „mithalten", die auf minus 3 % kommt und in einem Beitrag zum Thema „Landflucht" im Magazin „WELT"

(www.welt.de/wirtschaft/article145422951) aus dem Jahr 2015 als die deutsche Stadt bezeichnet wird, die am schnellsten stirbt.

Auf dem Internetportal YouTube ist ein Video über die Stadt Osterode am Harz mit dem Titel „Die 80er in Osterode" zu sehen, in dem die heutige Stadt mit der Zeit der 80er Jahre und den damaligen Geschäften und Lokalitäten verglichen wird. Nach dem Videokommentar seien die heutigen traurigen Zustände nicht mehr mit der seinerzeitigen tollen Zeit vergleichbar.

Auch das ist ein Beispiel für den Zerfall von Innenstädten, wenn nicht rechtzeitig von den verantwortlichen Stellen gegengesteuert wird.

Es dürfte noch viele andere Städte mit ähnlichen Entwicklungen geben.

Es ist nach meinem Eindruck im Bereich unserer ehemaligen Wohnsitzgemeinde leider so, dass sich die Politik und die Verwaltung auf die demografische Entwicklung mit einem immer höheren Anteil der älteren Bevölkerung nicht besonders oder nur wenig vorbereitet und eingestellt haben.

Nach meinen Informationen gibt es im Landkreis Northeim weder eine behördliche Altenhilfeplanung noch einen politisch beschlossenen Seniorenplan. Mit ist bekannt, dass diese andernorts schon seit vielen Jahren vorhanden sind und auch regelmäßig aktualisiert werden.

Manche Planungen sind für die Kommunen gesetzlich verpflichtend, wie eine Jugendhilfe-planung, Bauleitplanung oder Schul-entwicklungsplanung. Eine Altenhilfeplanung dagegen ist nur eine freiwillige Aufgabe. Das sollte die Menschen aber nicht davon abhalten, sich selbst auf das spätere Leben vorzubereiten und sich mit dieser Zeit des Lebens, die ungefähr ein Drittel der normalen Lebensdauer ausmacht, sorgfältig zu beschäftigen.

Landleben oder Stadtleben

Mir liegt fern, alle Menschen von dem Leben in einer größeren Stadt zu überzeugen. Ich möchte vielmehr erreichen, dass sich die Menschen mit den auf sie zukommenden Problemen im Alter, wie mit den möglichen körperlichen Beeinträchtigungen, gesundheitlichen Schwierigkeiten und sonstigen Einschränkungen im Alltag rechtzeitig beschäftigen und sich darauf vorbereiten.

Es gibt viele Beispiele in der Literatur, dem Fernsehen oder in den sozialen Medien, die sich mit dem Thema Landleben oder Stadtleben beschäftigen. Es sprechen viele Gründe für das eine und viele Gründe für das andere.

Die Entscheidung wo ich leben will, hängt von individuellen Vorlieben und vielleicht auch bestimmten Umständen ab, die aber alle ganz persönlicher Natur und damit Einzelfallentscheidungen sind.

Dabei sollte man sich nicht von den Meinungen anderer leiten lassen, sondern nur von den persönlichen Bedürfnissen und den eigenen Einschätzungen sowie den Erwartungen an die wichtigen Dinge des Lebens.

Ich finde allerdings schon wichtig, die allgemein gültigen Empfehlungen und Hinweise für ein gutes und selbstbestimmtes Leben im Alter zu beachten.

Es hat unsere Entscheidung für das Stadtleben aber noch einen von uns bisher nicht berücksichtigten ökologischen Effekt.

In einem bereits im Jahr 2013 veröffentlichten Artikel in der Zeitschrift „GEO" wird u.a. ausgeführt, dass es zu dem vielfach dargestellten Idyll vom grünen Leben auf dem Land im Einklang mit der Natur zwei gegensätzliche Wahrheiten gibt.

Nach diesen soll es zum einen ein Irrtum sein, dass der Natur etwas Gutes getan wird, wenn die Menschen auf das Land ziehen. Hierzu sagt ein Experte von der Harvard-Universität, dass es der Natur am liebsten wäre, wenn alle Menschen in der Stadt leben und die Menschen sie in Ruhe lassen würde. Und zum anderen soll das Leben auf dem Land ein ökologisches Desaster bezüglich der Klimabilanz sein, wo nicht nur in den Neubauvierteln in ländlichen Bereichen pro Mensch deutlich mehr CO_2 (Kohlenstoffdioxid) emittiert wird als in deutschen Großstädten.

Somit dürfte unsere Entscheidung für das Stadtleben nicht nur unserem eigenen Zweck genügen, sondern auch noch einen positiven Beitrag für die Klimabilanz leisten.

Wir liegen mit unserer Entscheidung auch in dem Trend, dass es immer mehr Deutsche in die Städte zieht. Es zeigt sich laut *www.wissen.de/Landflucht* in den letzten Jahren, dass nicht nur junge Menschen das Leben in der Stadt vorziehen, sondern auch ältere Menschen das ländliche Idyll verlassen, um ihren Lebensabend in der Stadt zu verbringen.

Das soll auch daran liegen, dass die Hofübernahmen durch ein Kind mit einem Anspruch der Eltern auf Hege und Pflege, wie es früher hieß, immer seltener werden, und die älteren Menschen daher heute immer häufiger auf fremde Hilfe angewiesen sind.

Es steht dann spätestens, wenn der Gesundheitszustand das eigene Autofahren unmöglich macht, die Entscheidung eines Umzugs in eine Stadt mit den passenden Versorgungsmöglichkeiten an.

Diese Entwicklung führt zu immer weniger Menschen, die auf dem Land leben und auch dazu, dass die bereits unzureichende Infrastruktur auf dem Land noch schlechter wird, da für noch weniger Menschen die erforderlichen Investitionen noch weniger lohnend sind. Dieser Teufelskreis wirkt sich sowohl auf die jüngeren als auch auf die älteren Menschen aus.

Hierzu sind schlaue Ideen und Konzepte gefragt, um einer solchen Entwicklung entgegen zu wirken. Es wird diese hier und da geben, in unserer Heimatgemeinde habe ich noch nichts davon gemerkt.

In unserem Heimatdorf gab es bis vor sechzig Jahren sogar einen Bahnhof – auch in einigen Nachbardörfern. Die damals von Osterode bis nach Kreiensen und zurück verkehrende Kreisbahn wurde auch Bimmelbahn genannt.

Sie ist auch mit dem bei den Älteren vielleicht bekannten Lied „ Das wahre Märchen von der Kleinen Bimmelbahn" von Erich Storz und Marianne Vasel 1956 musikalisch verbunden und verewigt. Aber das ist schon lange Geschichte. Allerdings „lebte" nach der Stilllegung 1968 ein Triebwagen der Kreisbahn noch einige Jahre im Zillertal weiter und wurde von der Zillertalbahn auf der Strecke Jenbach – Mayrhofen eingesetzt.

Wenn Sie sich dafür interessieren, finden Sie zur Bimmelbahn eine DVD unter dem folgenden Link:

https://musikhausfunke.de/DVD-E.-Storz-Das-wahre-Maerchen-von-der-Kleinen-Bimmelbahn/100522.

Auch auf YouTube gibt es Videos, zum Beispiel unter „Die kleine Bimmelbahn"

https://www.youtube.com/watch?v=ThMYrq0KUrA

Der sehr gute Film „Mittagsstunde"

Ich lese bei den letzten Arbeiten an diesem Buch zwischendurch die Programmvorschau für das Fernsehen am Abend. Dabei fällt mir der Titel „Mittagsstunde" im ZDF auf. Nach der Programmbeschreibung geht es um einen fast 50jährigen Mann, der nach vielen Jahren in sein Heimatdorf zurückkehrt

Er will sich für einige Zeit um seine ihn großgezogenen, nun alten Großeltern, die er „Vadder" und „Mudder" nennt, kümmern.

Marion will den Fernsehfilm auch sehen.

So sitzen wir rechtzeitig vor dem Fernseher und schauen uns gemeinsam den vom ZDF gesendeten Film an, der bereits 2022 im Kino lief.

Unsere Eindrücke und meine Meinung möchte ich so beschreiben:

Ich bekomme schon nach einigen Minuten eine Gänsehaut. Während des Films können wir lachen sowie traurig und nachdenklich sein. Wir erinnern uns auch an die früheren Zeiten in den 60er und 70er Jahren, als wir noch Kinder um die 15 Jahre alt und 10 Jahre später eine junge Familie am Anfang unseres gemeinsamen Lebens waren.

Der Film wirkt lange noch nach, und wir wollen ihn auch unseren Söhnen ausdrücklich empfehlen.

Er befasst sich genau mit dem Thema, das uns seit einigen Jahren besonders beschäftigt. Es ist das Altwerden in einem zurückgebliebenen Dorf mit einem Leben, das nur noch aus dem Warten (auf das Ende) besteht.

Die Dorf- und die Familiengeschichte wird in wechselnden Zeitabschnitten aus den Jahren 1965, 1976 und 2012 sehr authentisch wirkend mit hervorragenden Darstellern erzählt.

Der Film beruht auf dem gleichnamigen Roman von Dörte Hansen, die in ihrem Buch eigene Erlebnisse aus ihrer Kindheit verarbeitet.

Während die Dorfgeschichte mit der damaligen Flurbereinigung wie in vielen anderen ländlichen Orten verläuft, entwickelt sich die Familiengeschichte über die Jahre mit tragischen Umständen und einer bedrückenden Stimmung und mit wenig Hoffnung auf ein gutes Ende. Ich sehe zu diesem Film die Ursache der für alle Familienmitglieder in den späteren Jahren zunehmend belastenden Situation darin, dass die „Alten" alles auf sich zukommen ließen und da bleiben wollen, wo sie ein Leben lang waren. Sie haben sich nicht ernsthaft mit den Problemen ihres Alters befasst.

Hätte es eine Alternative geben können?

So verständlich und nachvollziehbar das Verhalten der Protagonisten in dem Film auch sein mag, so deutlich sind auch deren Probleme erkennbar.

Es ist ein älteres Paar: Die Frau dement und der Mann körperlich sehr eingeschränkt. Er kümmert sich auch noch um den Betrieb der Gastwirtschaft.

Aus meiner Sicht gibt es Lösungsansätze im Hinblick auf einen Verbleib des Paares in der bisherigen Umgebung nur mit einer umfassenden pflegerischen Betreuung.

Im Film war eine Pflegeperson zu sehen, die für den vorübergehenden Aufenthalt des Sohnes bzw. Enkels ihre Tätigkeit einstellte.

Für eine nicht nur vorübergehende Zeit könnte die häusliche Pflege durch eine - auch ausländische - Pflegekraft geleistet werden, die in dem großen Wohngebäude auch leben und bei Bedarf helfen könnte. Die Einkommens- und Vermögensverhältnisse des Paares werden in dem Film nicht angesprochen, so dass ich auf diese Möglichkeit nicht weiter eingehen kann.

Ich spreche die Thematik aber mit ähnlichen Situationen im zweiten Kapitel ausführlicher an.

1.2 Unsere Entscheidung für das Stadtleben

Die Merkmale und Besonderheiten einer Stadt und Fragen an die KI

Es sind neben unseren persönlichen Gründen für das Stadtleben auch viele objektive Gesichtspunkte und Umstände, die im Alter für das Leben in einer größeren Stadt sprechen.

Ich bemühe dazu die Künstliche Intelligenz - abgekürzt KI – und befrage sie zu bestimmten altersrelevanten Themen hinsichtlich des Stadtlebens und des Landlebens. Dazu erhalte ich abgekürzt und sinngemäß die folgenden Antworten:

Thema Infrastruktur:

Großstädte verfügen in der Regel über eine bessere Infrastruktur einschließlich der öffentlichen Verkehrsmittel. Das ist besonders wichtig für ältere Menschen, die nicht oder nicht mehr mit dem Auto fahren. Sie können so mobil und auch selbstständig bleiben.

Thema Gesundheitsversorgung:

In städtischen Gebieten sind medizinische Einrichtungen dichter und besser erreichbar. Oft gibt es auch spezialisierte Kliniken für geriatrische Versorgung und Rehabilitationszentren.

Thema Wohnangebote für ältere Menschen:

Es gibt in größeren Städten ein breiteres Angebot an seniorengerechten Wohnformen, darunter Betreutes Wohnen, Altenwohngemeinschaften und Seniorenresidenzen. Diese Einrichtungen sind oft vielseitiger und besser ausgestattet als in ländlichen Gegenden.

Thema Kulturelle Angebote:

Städte bieten ein reichhaltiges kulturelles Leben mit Museen, Theatern, Konzerten und Veranstaltungen, die für ältere Menschen zugänglich sind. Das fördert nicht nur die geistige Aktivität, sondern auch soziale Kontakte.

Thema Freizeit- und Erholungsmöglichkeiten:

In Städten ist eine Vielzahl von Freizeit-möglichkeiten wie Parks, Sporteinrichtungen und Gemeinschaftsangebote zu finden, die sich an Senioren richten. Auch sind die Wege zu diesen Einrichtungen kürzer.

Thema Nahversorgung:

Es sind in größeren Städten Supermärkte, Drogerien und andere Geschäfte meist nah beieinander liegend und gut erreichbar, was die Versorgung mit Lebensmitteln und Alltagsbedarf erleichtert. Oft gibt es auch Lieferdienste, die besonders für ältere Menschen hilfreich sind.

Thema Sicherheit für Senioren:

Während die Sicherheit in ländlichen Gebieten oft durch niedrigere Krimi-nalitätsraten gegeben ist, bieten städtische Gebiete häufig bessere Möglichkeiten der Nachbarschaftshilfe und soziale Netzwerke, die ältere Menschen unterstützen. Zudem sind städtische Gebiete oft besser beleuchtet und haben regelmäßigere Polizeipräsenz in belebten Gegenden.

Diese Antworten überraschen nicht.

Sie dürften allgemein bekannt und unstrittig sein. Mich interessiert allerdings die Antwort zum Thema „Sicherheit", so dass ich die amtliche Kriminalitätsstatistik im Hinblick auf die Unterschiede zwischen städtischen und ländlichen Bereichen näher untersuche. Ich komme dabei zu überraschenden Ergebnissen.

Der Reihe nach.

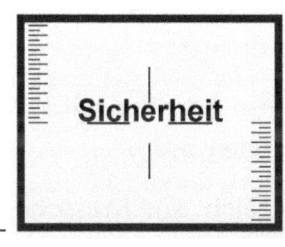

Ich befasse mich mit der Polizeilichen Kriminalstatistik 2022 und der Tabelle T 91 – Städte_Opfer_ab_60 und Städte ab 100.000 EW. Danach hat bundesweit der Anteil der älteren Menschen ab 60 Jahre an der Gesamtopferzahl 2022 eine Quote von lediglich 5,8 %, obwohl deren Anteil an der Gesamtbevölkerung bei rund 30 % liegt.

Wie sieht das nun für verschiedene Großstädte allgemein und für den ländlichen Bereich in unserer alten Heimat aus?

Zu der Kriminalstatistik gibt es bestimmte Kennziffern zu den verschiedenen Delikten wie zum Beispiel gefährliche Körperverletzung, Handtaschenraub oder Raubüberfalle auf Straßen. Ich habe zusammenfassend und vereinfachend das Merkmal „Opfer von Straftaten insgesamt" ausgewählt.

Für unseren aktuellen Wohnort Hannover beträgt der Anteil 5,2 % der Menschen im Alter von 60plus.

Für den Vergleich nehme ich die Werte von einigen beliebigen größeren Städten und stelle dabei folgende Anteile fest:

Heidelberg 6,5%, Dresden 6,1%, Kassel 5,7%, Göttingen 5,3% und Stuttgart 5,2%.

Für den ländlichen Bereich auf Kreisebene kann ich meinen Heimat-Landkreis Osterode am Harz nicht mehr berücksichtigen, da es diesen durch die Fusion mit dem Landkreis Göttingen seit dem Jahr 2016 nicht mehr gibt. Ich muss mit dem neuen Landkreis Göttingen (einschl. Altkreis Osterode) vorliebnehmen. Dazu noch die Nachbarlandkreise Northeim und Holzminden. Für Göttingen-Landkreis liegt der Anteil bei 7,1%, für den Landkreis Northeim bei 6,5% und für den Landkreis Holzminden bei 6,7%.

Was heißt das jetzt ?

Ganz einfach: Das Leben auf dem Land ist für ältere Menschen nach der amtlichen Kriminalstatistik in diesem Vergleich etwas gefährlicher als in vielen größeren Städten.

Diese Aussage dürfte wohl überraschen. So recht glauben kann ich es auch nicht, wenn ich an die Verhältnisse zum Beispiel rund um die Hauptbahnhöfe in manchen Großstädten denke; aber so ist es eben. Und es zeigt auch, dass zum Beispiel eine vorhandene Drogen- und Obdachlosenszene oder ähnliche Ansammlungen nicht per se nach der Statistik zu verhältnismäßig mehr älteren Opfern von Straftaten führt.

Welche Städte sind bundesweit für das Leben im Alter besonders geeignet ?

Ich nutze die KI auch noch für die Frage, welche größeren Städte für ältere Menschen geeignet sind, wenn diese besonderen Wert legen auf eine gute Erreichbarkeit von Einrichtungen der medizinischen Versorgung, Haltestellen des ÖPNV, Kultur- und Freizeit-angeboten und Einkaufsmöglichkeiten.

In der Antwort werden als eine Empfehlung die folgenden Städte jeweils mit einer kurzen Begründung genannt:

München, Berlin, Frankfurt am Main, Heidelberg, Freiburg im Breisgau, Hannover, Tübingen, Dortmund, Bremen und Halle (Saale).

Zu einer weiteren ähnlichen Frage werden außerdem auch Hamburg, Köln, Düsseldorf und Stuttgart erwähnt.

Bei ihrer Antwort weist die KI noch darauf hin, dass bei der Wahl des Wohnorts individuelle Präferenzen und Bedürfnisse ebenfalls berücksichtigt werden sollten.

Wohnen auf dem Land oder in der Stadt

Es ist eine Wohnung auf dem Land tendenziell günstiger ist als eine Wohnung in einer Stadt und auch noch viel günstiger als in den Ballungsräumen einer Großstadt. Das sollte aber nicht dazu führen, dass von vornherein ein aus Altersgründen vorgesehener Umzug vom Land in eine Stadt ausgeschlossen wird. Es sind vor allem die Anteile am verfügbaren Einkommen für die Wohnungsmiete in den Städten nicht immer höher als auf dem Land.

Ich komme im nächsten Abschnitt darauf zurück und erläutere das anhand von Beispielen.

Für Menschen mit einem eher geringeren Einkommen können außerdem verschiedene Sozialleistungen, wie Grundsicherung, Wohngeld oder Bürgergeld gewährt werden.

Es sind zudem in den Städten die berücksichtigungsfähigen Höchstbeträge der Miete merklich höher als in kleineren Gemeinden auf dem Land.

Es gilt dabei: je größer die Stadt, je höher die mögliche berücksichtigungsfähige Miete bei den Sozialleistungen und je höher das Wohngeld.

Unabhängig davon ist seit Jahren die Wohnsituation sowohl auf dem Land als auch in den Städten in unterschiedlicher Hinsicht problematisch. Das hat nicht nur das Institut der deutschen Wirtschaft Köln in einem „Immobilien-Monitor" aus dem Jahr 2023 festgestellt. In den größeren Städten ist die Nachfrage nach angemessenen und bezahlbaren Wohnraum höher als das Angebot. Allerdings wohnt weniger als jeder fünfte Mensch in einer Region mit steigenden Mieten und Häuserpreisen, die sich aber auch wieder anpassen werden.

Jenseits der Ballungsräume dagegen stellen rückläufige Bevölkerungszahlen von bis zu 20 Prozent, sinkende Wohnungsnachfrage und Wohnungsleerstände die Kommunen vor zunehmende Probleme.

Ich sehe vor dem Hintergrund dieser Herausforderungen wenig Hoffnung für eine bessere Entwicklung in vielen Dörfern und Gemeinden in unserem Land. Das gilt auch für die Situation und die Zukunft unseres in der Gemeinde Kalefeld gelegenen Heimat-dorfes.

Marion und ich haben über die Jahre im Hinblick auf unser Dorfleben eine eher negative schleichende Entwicklung wahr-genommen.

Diese hat mit einem geringen Anteil auch zu unserer Entscheidung geführt, das Haus zu verkaufen und in eine Großstadt zu ziehen.

Zu den wenig guten Zukunftsaussichten in vielen ländlichen Regionen trägt auch der immer höhere Anteil der älteren Menschen an der Gesamtbevölkerung bei. Der Anteil der Menschen ab 65 Jahre in Großstädten sinkt aber kontinuierlich in den letzten Jahren und in ländlichen Regionen steigt der Anteil der älteren Menschen dagegen.

Was bedeutet das nun im Hinblick auf unsere Zukunft in einer Großstadt?

Ich sehe in dieser Entwicklung im Hinblick auf die Versorgungsangebote für die alters-typischen Bedarfslagen, wie eine Betreuung, Versorgung und Pflege in den größeren Städten weniger Konkurrenzsituationen. Oder anders ausgedrückt: Der Zugang zu den Hilfen im Betreuungs- oder Pflegefall wird in  größeren Städten einfacher als in ländlichen Regionen mit einem höheren Anteil älterer Menschen sein.

Die Stadt: Ein teures Pflaster ?

Es sollen die Lebenshaltungskosten einschließlich der Wohnkosten in ländlichen Regionen generell geringer sein als in städtischen Bereichen. Das trifft nach einer Kurzstudie der Prognos AG auch grundsätzlich zu, jedoch mit erheblichen regionalen Unterschieden.

Prognos hat im Jahr 2023 untersucht, in welchen Regionen sich die Menschen mit einem Rentenzahlbetrag in Höhe von 1.000 € tatsächlich wie viel leisten können.

Dabei wurde der jeweilige durchschnittliche Rentenzahlbetrag den jeweiligen Lebenshaltungskosten in der Stadt oder dem Landkreis gegenübergestellt.

(www.prognos.com/de/projekt/regionale-rentenkaufkraft),

Für mich gibt es nach der Studie auch überraschende Ergebnisse. Es trifft danach nicht zu, dass die Kaufkraft in Städten durchweg geringer ist als auf dem Land.

Die höchste Kaufkraft haben die älteren Menschen mit ihrer Rente in den ostdeutschen Bundesländern und den geringsten Gegenwert für die Rente gibt es im Bundesland Bayern.

Für unseren jetzigen Wohnort in der Region Hannover ist ein durchschnittlicher Mittelwert mit 1.016 € ermittelt worden und für den Landkreis Göttingen mit meinem Geburtsort Osterode ein Wert von 1.001 €.

Das Leben in unserem neuen Zuhause in Hannover ist für die Menschen mit einer Altersrente also im Durchschnitt nicht viel teurer als andernorts in Niedersachsen oder im Bundesdurchschnitt mit 1.036 €.

Zum Vergleich noch die Städte München und Hamburg: Hier ist eine Rente in Höhe von 1.000 € nur 715 € bzw. 950 € wert.

Das gilt zumindest für die Frage „Wo haben die Menschen (durchschnittlich) am meisten von ihrem Renteneinkommen?"

Bei der Studie der Prognos AG wurden nur die Rentenzahlbeträge berücksichtigt und nicht weitere mögliche Einkommenszuflüsse und auch kein Vermögen.

Im Zensus 2022 sind nach der EU-Verordnung über Volks- und Wohnungs-zählungen Ergebnisse zu den Wohnungs-kosten auch in Niedersachsen festgestellt worden.

Nach den im Juni 2024 veröffentlichten Daten von rund 23 Millionen Mietwohnungen in Deutschland zur Nettokaltmiete in Gemeinden mit einer Bevölkerung über 10.000 Menschen liegt die durchschnittliche Kaltmiete in der Stadt Hannover bei 7.61 €/qm, in der Stadt Göttingen bei 8,38 €/qm und in der Stadt Lüneburg bei 8,46 €/qm.

Den höchsten Wert für Niedersachsen hat die Gemeinde Buchholz in der Nordheide mit 8,83 €/qm.

Das Wohnen in der Stadt Hannover ist also grundsätzlich nicht teurer als in anderen Städten in Niedersachsen. Ähnliches dürfte für die Großstädte in anderen Bundesländern gelten.

(Quelle: *https://www.spiegel.de/wirtschaft/zensus-2022-wo-die-mieten-in-deutschland-am-hoechsten-sind*).

In den kleineren Städten und Gemeinden in ländlichen Bereichen ist die durchschnittliche Nettokaltmiete gleichwohl geringer als in größeren Städten.

Wenn ich aber eine altersgerechte, barrierefreie und stufenlos zugängliche Wohnung mit einem Garagenanbau oder einem Stellplatz in einer zentralen Lage suchen würde, dürfte ich auf dem Land kaum erfolgreich sein. Es hilft mir dann eine günstigere Miete auch nicht weiter.

Ein Wohnkostenvergleich

Ich habe vor unserem Umzug im Rahmen unserer Überlegungen, ob wir das Haus verkaufen und in die nächste Großstadt ziehen wollen, zunächst die mit unserem Vorhaben verbundenen geschätzten Mehrkosten mit den bisherigen Ausgaben für unser Haus und Grundstück verglichen.

Dabei habe ich gehofft, dass die Mehrkosten für eine unseren Vorstellungen entsprechende neue Mietwohnung noch in einem bestimmten Rahmen bleiben.

Den laufenden Kosten für die Unterhaltung des Hauses (wie Steuern, Gebühren, Versicherungen, Beiträge und Abgaben) einschließlich eines Durchschnittswertes für die Instandhaltungen und Ersatzbeschaffungen und einschließlich der Betriebs- und Unterhaltungskosten für unsere drei Autos habe ich den für uns angenommenen künftigen Aufwand an Wohnungs- und Lebenshaltungskosten gegenübergestellt. Es ist dabei ein mittlerer dreistelliger Betrag herausgekommen, den wir im Hinblick auf das künftige Leben in der Stadt und den damit verbundenen Vorteilen und neuen Möglichkeiten für unsere letzten Lebensjahre bereit waren, zu akzeptieren.

1.3 Ein neues Leben in der Stadt

Die Wohnungen

Ein angemessener Wohnraum gehört zum existentiellen Lebensbedarf. Wir haben für uns nach dem Verkauf unseres Hauses im Hinblick auf unser Alter bestimmte Voraussetzungen für unseren neuen Wohnraum in der Stadt festgelegt.

Wir wollten zum einen kein Wohneigentum wegen der damit verbundenen neuen Belastungen und zum anderen auf bestimmte Merkmale für eine mögliche Mietwohnung achten.

Bei unserem ersten Versuch im Jahr 2019 sollte es eine Wohnung mit den folgenden Merkmalen sein: drei Zimmer, stufenlose Erreichbarkeit, verhältnismäßig ruhige Lage, kein Erdgeschoss, Aufzug, Parkplatz, renovierter Zustand.

Dazu könnten Sie fragen, ob eine solche Ausstattung wirklich sein muss und ob diese in einer großen Stadt auch noch bezahlbar ist.

Für uns grundsätzlich schon, denn wir haben unser bisheriges Leben nicht aufgegeben, um unsere letzten Jahre in einer kleinen, ungünstig gelegenen und nur über viele Treppenstufen erreichbare Wohnung zu verbringen. Wir haben nicht bis zum Rentenalter darauf gewartet unter schlechteren Voraussetzungen als bisher leben zu müssen.

Wir fanden auch innerhalb kurzer Zeit zwei Anzeigen, die diesen Anforderungen ent-sprachen. Leider hatten wir uns für die angebotene Wohnung einer bestimmten Haus- und Grundstücksverwaltung ent-schieden, mit der wir einen totalen Reinfall und ein emotionales Desaster erlebten.

Was war geschehen?

Wir fanden in der Wohnung nach etwa einem Jahr seit dem Einzug an mehreren Stellen in der Küche und im Schlafzimmer wegen baulich bedingter Mängel viele Flächen mit Schwarzschimmelpilzen in einem größeren Ausmaß. In dem weiteren Verlauf mit der Hausverwaltung hat sich diese mit vielen Worten immer bemüht, aber innerhalb von vier Monaten keine wirksame Abhilfe schaffen können, so dass wir den Mietvertrag fristlos kündigten.

In der anschließenden rechtlichen Auseinandersetzung mit den von der Hausverwaltung beauftragten Rechtsanwälten habe ich unter anderem einen Gerichtsvollzieher wegen der Ablehnung von weiteren Mietminderungen durch die Haus- und Grundstücksverwaltung eingeschaltet. Auf ein Klageverfahren haben wir wegen des Prozessrisikos verzichtet.

Mit dem Wohnungseigentümer konnte ich letztendlich einen Vergleich erreichen. Damit war die leidige Angelegenheit mit der neuen Stadtwohnung für uns erledigt.

Diese Geschichte brachte uns in die aktuelle Wohnung, die wir glücklicherweise auch wieder kurzfristig finden konnten. In dieser leben wir jetzt, hier fühlen wir uns wohl und hier wollen wir auch bleiben. Sie entspricht unseren Vorstellungen und hat vor allem eine wesentlich bessere zentrale Lage. In der ersten Wohnung mussten wir doch häufiger unser Auto für die verschiedenen Erledigungen nutzen. Das ist jetzt nicht mehr erforderlich. Es haben manchmal die schlimmen Dinge auch ihre guten Seiten.

Wichtig: Zentrale Lage der Wohnung

Die Erfahrungen mit den beiden Wohnungen haben uns deutlich gezeigt, dass es für eine altersgerechte Wohnung besonders auf deren Lage und den Standort ankommt. Eine als Stadtwohnung bezeichnete Unterkunft kann überall liegen, also auch in einem nicht zentralen Bezirks- oder Randbereich. Es reicht also nicht allein zu sagen, dass Sie im Alter in einer Stadtwohnung leben wollen.

Unseren Fehler bei der ersten Wohnung, nicht ausdrücklich auf eine zentrale Lage zu achten, konnten wir bei der erneuten Wohnungssuche mehr oder weniger unbewusst vermeiden.

Ich empfehle ausdrücklich, bei der Wohnungsauswahl in erster Linie eine zentrale Lage zu berücksichtigen.

Es sollten von einer Wohnung in fußläufiger Entfernung viele der wichtigen Stellen und Einrichtungen der Gesundheitsversorgung, Bus- und Bahnhaltestellen und auch Möglichkeiten zum Einkaufen liegen. Dann würden Sie bereits 80 % der Anforderungen an einen altersgerechten Wohnraum erfüllen. Hinzu kämen noch eine möglichst stufenlose, also barrierefreie Erreichbarkeit, breite Flure und ausreichend Platz für ein Pflegebett.

Dann könnten Sie in der Wohnung auch im Betreuungs- und Pflegefall bleiben.

Es ist also vollkommen egal, in welcher Stadt Sie leben und in welcher Stadt Sie eine den Anforderungen des Alters entsprechende Wohnung auswählen, wenn die genannten Voraussetzungen erfüllt sind. Meine Frau und ich haben uns aus persönlichen Gründen für Hannover entschieden. Es hätte ohne diese Gründe auch jede andere Stadt mit den genannten Wohnungsanforderungen sein können.

Meine Präferenz für das Stadtleben im Alter bezieht sich also auf den zentralen Bereich einer Stadt. In den weitläufigen grüneren Stadtteilen oder den Randbereichen sind die wichtigeren Voraussetzungen für eine alters-gerechte Wohnung eher seltener zu finden. Das sollten Sie auf jeden Fall vorher geklärt haben.

Unsere Freizeitgestaltung

Ein großer Vorteil des Stadtlebens gegenüber dem Landleben ist die Möglichkeit, die vielen vorhandenen kulturellen, sport-lichen, gesundheitlichen, sozialen und gesellschaftlichen Angebote einer Stadt nutzen können.

Wir haben in der Stadt Hannover fast unbegrenzte Möglichkeiten, unser Leben außerhalb unserer Wohnung mit Aktivitäten unterschiedlicher Art zu gestalten.

Es ist mir allerdings der Begriff „Freizeit" für ein Ehepaar im Rentenalter nicht ganz passend. Es heißt zwar gelegentlich, dass die Rentner nie Zeit hätten. Marion und ich haben aber gegenüber anderen Personen oder Einrichtungen keine Verpflichtungen mehr und können unser Leben gestalten wie wir wollen. In unserer alten Heimat sahen wir kaum noch Möglichkeiten, etwas Neues zu finden oder etwas anderes kennenzulernen.

Langeweile ist für uns jetzt in der Stadt fast ein Fremdwort. Wir müssen manchmal innehalten und auch einen Langschläfer- oder Faulenzertag einlegen. Wir haben einerseits gerne unsere Ruhe und andererseits aber auch gerne mal etwas Action.

So gesehen entspricht unser Leben in der Stadt unseren Vorstellungen, Vorlieben und Interessen.

Eine weitere Möglichkeit an Bewegungs-aktivitäten sehe ich für uns im Tanzen als Freizeitsport oder für uns besser als Freizeit-betätigung.

In der Stadt werden viele Tanz- und Bewegungskurse auch für Ältere angeboten. Wir müssen uns nur noch entscheiden, an welcher Art von Kursen wir teilnehmen wollen. Das wird sich aber nach meinem Gefühl noch hinziehen, da zur Zeit wenig Leerlauf in unseren Tagesabläufen ist. Wir haben neulich dennoch an einer Schnupper-stunde zum Tango Argentino teilgenommen. Das hat uns Spaß gemacht, und ich werde uns demnächst für einen Anfängerkurs anmelden.

Wir sind auch gerne draußen unterwegs und können uns freuen, immer noch etwas Neues zu entdecken. Ob das nun Gebäude, Plätze, Gärten, Parkanlagen, fließendes Wasser oder Seen und Moore sind. Alles ist in unserer neuen Stadt in der Nähe oder in kürzerer Entfernung zu erreichen.

Das gilt auch für die vielen kulturellen Angebote. Marion und ich sehen uns aber eher als Kulturbanausen, die mit klassischer Musik, Opern oder anspruchsvoller Kunst wenig anfangen können.

Wir lieben eher Rock und Pop-Musik und hatten bereits das Vergnügen, unter anderem Konzerte von Peter Maffay, den Scorpions, David Garrett, Max Raabe oder Bruce Springsteen zu erleben. Und AC/DC waren auch in Hannover.

Einfach geil.

Früher in unserem Dorf haben wir uns wegen des seinerzeit damit verbundenen Aufwandes so ein Erlebnis nur sehr selten gegönnt.

Wir haben ein Ehrenamt

Nach unserem Umzug hatten wir uns bald über die Möglichkeiten einer ehrenamtlichen Tätigkeit informiert. Den ersten Kontakten kam Anfang 2020 aber die Corona-Pandemie dazwischen. Mitte des Jahres 2022 versuchten wir einen Neustart. Marion ist seitdem im dem Projekt Sprachzauber des hiesigen Freiwilligenzentrums aktiv und für mich fand sich die Möglichkeit als Delegierter für den städtischen Seniorenbeirat.

Als Delegierter bin ich seitdem neben ungefähr 190 weiteren älteren Menschen in Hannover für den Seniorenbeirat tätig.

Dieser hat zur Erfüllung seiner Aufgaben verschiedene Arbeitskreise gebildet, in denen die Delegierten mitwirken können. Ich bin in den Arbeitskreisen Armut und Teilhabe sowie Gesundheit und Pflege aktiv. In diesen beiden Arbeitskreisen kann ich meine beruflichen Kenntnisse und Erfahrungen einbringen.

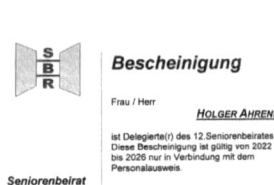

Dieses für mich passende ehrenamtliche Engagement wäre in unserem Dorf oder der Gemeinde nicht möglich gewesen.

Eine Institution wie ein Seniorenbeirat oder ein Beirat in einer ähnlichen Funktion, der von einer Gemeinde- oder Stadtverwaltung eingerichtet werden kann, ist dort nicht vorhanden.

In kleineren Gemeinden oder Städten ist eine solche Einrichtung meines Wissens auch nicht üblich. Es wird wohl auf der politischen Ebene in ländlichen Bereichen davon aus-gegangen, dass es eines Beirats und damit einer Interessenvertretung für ältere Menschen nicht bedarf.

Für Marion ist ihre ehrenamtliche Tätigkeit eine besonders erfreuliche Angelegenheit. Sie engagiert sich im Projekt Sprachzauber des Freiwilligenzentrums Hannover. Ziel des Projekts ist die Förderung der Sprachkompetenz von Kindern im Alter von drei bis sechs Jahren mithilfe von ehrenamtlichen Tätigen. Sie ist einmal in der Woche vormittags in einer Kita als Sprachpatin und hat sehr viel Spaß dabei.

Das Personal freut sich, die Kinder freuen sich und Marion freut sich auch. Sie beschäftigt sich sehr gern mit den Kindern im Alter von 3 bis 6 Jahren nicht nur durch das Vorlesen von Geschichten, sondern spielt mit ihnen drinnen und draußen und befasst sich mit Ihnen in einer vielfältigen Art und Weise, so dass auch der Leiter der Einrichtung sagt, dass sie eine Bereicherung für den ganzen Betrieb sei.

Es haben sich für Marion und mich Tätigkeiten gefunden, so dass auch für alle anderen interessierten Menschen etwas dabei sein dürfte.

Wenn wir noch auf dem Lande leben würden, müssten wir lange und wohl vergebens suchen, bis wir etwas für uns Passendes gefunden hätten. Es sollen hier in der Stadt über 150.000 Menschen ehrenamtlich engagiert sein. Das sind fast 30 % der Gesamtbevölkerung. Ich halte es für bemerkenswert, wenn sich fast jeder dritte (Stadt-)Mensch in irgendeiner Art und Weise ehrenamtlich engagiert.

Ein Vergleich mit der früheren Zeit

Die gesellschaftliche Entwicklung in unserem Dorf hatte auch einen kleinen Anteil an unserer Entscheidung, das Landleben zu verlassen und in die Stadt zu ziehen. Wir fühlten uns keineswegs einsam, es war für uns jedoch irgendwie langweilig geworden. Das Dorfleben ist in unserer Zeit über die Jahre ein anderes geworden.

Wie heißt es doch? Alles hat seine Zeit.

Als wir 1980 in unser neues Haus im Dorf gezogen sind, kannten wir von den näheren und weiteren Nachbarn niemanden. Das änderte sich schnell, und es entwickelten sich mehr oder weniger intensive Freundschaften.

Von diesen seinerzeit elf Paaren oder Familien leben heute nur noch zwei dort. Alle anderen sind entweder gestorben oder weggezogen. Damit war für uns das frühere schöne und manchmal auch lustige Gemeinschaftsleben irgendwann vorbei.

Das ist der Lauf der Zeit, und da jüngere Menschen zugezogen sind, ist auch alles gut so. Wir haben unser Haus an eine junge Familie mit jetzt zwei Kindern verkauft und mit einem kleinen Anteil auch dafür gesorgt, dass das Dorf nicht ausstirbt.

Wir blicken gerne an unsere Zeit dort zurück und erinnern uns mit zwei lachenden und weinenden Augen immer wieder an unsere früheren Jahre. Dabei fällt mir ein Spruch des Physikers Albert Einstein ein. Er hat mal gesagt: „Mehr als die Vergangenheit interessiert mich die Zukunft, denn in ihr gedenke ich zu leben".

Was wir vermissen (und was nicht)

Es war uns bei der Entscheidung für das Stadtleben bewusst, dass die Unterschiede zwischen Land- und Stadtleben beträchtlich sein können und die Umstände und Abläufe unseres neuen Lebens in einer Großstadt andere sein werden als bisher.

Wir hatten Befürchtungen, Ängste aber auch Hoffnungen. Die Hoffnungen haben sich bestätigt. Ängste haben wir keine mehr.

Die Befürchtungen bezüglich unserer Zukunft mit Blick auf unsere letzten Lebensjahre sind geblieben. Sie sind aber nicht erst mit unserem Umzug vom Dorf in die Stadt entstanden. Sie waren schon vorher da und beziehen sich auf unsere Lebens- und Versorgungssituation in einem Unterstützungs-, Betreuungs- oder Pflegefall. Ich gehe darauf weiter im Kapitel 2.1 ein.

Wir vermissen die in unserem Heimatdorf lebende Familie des älteren Sohnes mit den zwei Enkelkindern. Diese beiden sind jetzt um die 18 Jahre alt, und sie haben andere Interessen als in ihrer Kindheit mit uns als Oma und Opa. Es war für uns eine schöne Zeit, sie von klein bis groß aufwachsen zu sehen und sie dabei begleiten zu können.

Wir denken, dass ihnen diese Zeit mit uns auch gefallen hat. Es gibt weiter Kontakte und Besuche, da sie nur rund hundert Kilometer entfernt von uns leben.

In unserem Leben jetzt haben wir zudem einen Ausgleich durch die Nähe des jüngeren Sohnes, der von uns nur einige Meter entfernt wohnt und uns mehr oder weniger regelmäßig besucht. Er wird auch ab und zu mit Kuchen und Essen durch seine Mutter versorgt.

Durch seine Kontakte kommen wir ab und zu auch mit anderen Menschen zusammen, was für uns eine willkommene Abwechselung ist. Einige von ihnen kannten wir schon vorher.

Ein „Familienleben" vermissen wir so gesehen nicht wirklich. Und das Dorfleben – wie ich schon erwähnt habe - auch nicht.

Wir fanden es immer schön, auf unserer Terrasse zu sitzen und in Richtung Süden über den Garten hinweg auf die Felder und Wälder sowie den Himmel blicken zu können. Das ist mit den Jahren aber eintönig geworden. In der Stadt haben wir jetzt eine wesentlich größere Auswahl an Sitz- und Ruhegelegenheiten.

Es gibt dennoch Dinge und Lebensumstände, die wir wirklich vermissen. Das sind der ruhige Straßenverkehr und damit verbunden das stressfreie Fahren mit dem Auto. Wer mit dem Auto in einer Großstadt unterwegs ist, muss immer und überall aufpassen.

Und das Leben in einer Mietwohnung bedeutet für mich eine kleine Einschränkung meiner persönlichen Freiheiten, weil ich die Verstärkeranlage für den Musikgenuss nicht unbeschränkt aufdrehen darf. Für mich muss Musik, wenn ich sie bewusst höre, laut sein. Also Kopfhörer aufsetzen und diese Einschränkung akzeptieren. Ein kleiner Ausgleich ist bei schönem Wetter möglich, wenn ich das Dach unseres Cabrios öffnen und dessen Soundanlage nutzen kann.

Für Marion ist das Thema „Autofahren in der Großstadt" aber ein Problem. In unserer alten Heimat war das nicht so.

Hier in der Stadt ist die Teilnahme am Straßenverkehr für sie ungewohnt und mangels Kenntnis der vielen Örtlichkeiten fast unmöglich. Es kommen nur kurze Entfernungen im näheren Wohnumfeld oder außerhalb der Stadt in eher ländlichen Bereichen infrage.

Ich überlege weiter, war wir vermissen könnten. Es fällt mir nichts mehr ein, und ich frage deshalb Marion, was sie heute vermisse.

Sie meint dazu:

„Ich habe fast mein gesamtes bisheriges Leben in meinem Heimatdorf verbracht. Es waren nur sieben Jahre durch meine Heirat mit Holger, die wir zwischendurch in der Stadt Osterode lebten. Dann sind wir in unser neues Haus in meinem Dorf gezogen. Ich bin in dem Dorf aufgewachsen, habe dort die Schule besucht und im Nachbardorf eine Ausbildung absolviert.

Dadurch sind viele Bindungen entstanden, die noch nachwirken. Ich habe viele Kontakte aus der früheren Zeit, die allerdings im Laufe der letzten Jahre weniger geworden sind, auch weil einige dieser Menschen leider nicht mehr leben.

Ich bin weiterhin gern zu diversen Anlässen in meinem Dorf. Sei es, dass wir auf den Friedhof gehen und das Grab meiner Eltern pflegen oder den älteren Sohn mit seiner Familie besuchen oder Holger eine Vorstandssitzung des Heimatvereins hat oder wir an einer der eher seltenen Veran-staltungen im Dorf teilnehmen.

Es ist und bleibt meine Heimat, und für mich gefühlt ist es auch immer noch das Zuhause. Ob ich mich hier in der Stadt noch einleben kann, wird die Zeit ergeben. Ich will das nicht ausschließen. Auch wenn mir jemand vor einiger Zeit gesagt hat, ich sei in der Stadt Hannover genau richtig, was wohl im Hinblick auf meine Person gemeint war.

Ich sehe das nicht ganz so, obwohl mir bewusst ist, dass der Verkauf unseres Hauses und der Umzug aus unserem Dorf in eine Großstadt in objektiver und rationaler Hinsicht genau die richtigen Entscheidungen und Vorbereitungen für unser Leben im Alter waren. "

Ein kurzer Blick zurück

Bei den Überlegungen an die Zeit, die noch vor uns liegt, denke ich auch an unsere Kinder und Enkelkinder, was diese in den folgenden Jahren noch alles erleben werden. Ich habe zunächst den Eindruck, dass sich die Welt in den letzten dreißig Jahren insgesamt nicht so viel verändert hat.

Es war in dieser Zeit und auch davor schon so, dass es schlimme Katastrophen, Kriege, diktatorische Staatsführungen, Hungersnöte,

Unterdrückung, Armut und ähnlich böse Zustände in der Geschichte der Menschheit gegeben hat.

Bei einer genaueren Betrachtung fallen mir vor allem im technischen Bereich doch gewaltige Fortschritte auf.

Wir hatten seinerzeit weder Handys oder Smartphones noch E-Autos oder E-Bikes und kein Internet, Google und ähnliche Einrichtungen, keine Drohnen als Mittel der Kriegsführung und keine Künstliche Intelligenz für diverse Zwecke. Es gibt daneben viele weitere Bereiche, die sich zum Vorteil oder zum Nachteil der Menschheit entwickelt haben.

Ich finde bei diesen Überlegungen ein SPIEGEL-Spezial Heft aus dem Jahr 1993 mit dem Titel „Die Erde 2000 – Wohin sich die Menschheit entwickelt". Darin befasst sich ein Artikel mit dem Thema „Das vernichtende Wachstum der Weltbevölkerung".

Das hat meine Neugier geweckt, und ich habe mal verglichen, ob die seinerzeitigen Warnungen und Annahmen zur Weltbevölkerung in den kommenden dreißig Jahren tatsächlich eingetreten sind.

Bei einem Vergleich von zwei bestimmten Aussagen gibt es eine zutreffende und eine unzutreffende Annahme.

Die Wissenschaftler fragten seinerzeit bei einem Stand von 5,5 Milliarden Menschen, ob die Welt auch eine Bevölkerung von 12 oder gar 14 Milliarden Menschen aushalten könne. Sie behaupteten das zwar nicht direkt, stellten es aber zur Diskussion.

Dieses Szenario hat sich aber nicht ansatzweise bestätigt. Es ist erst im November 2022 die Zahl von 8 Milliarden überschritten worden, und die Forschenden nehmen heute überwiegend an, dass nach einem zwischenzeitlichen Höchststand von 8,5 Milliarden Menschen die Zahl bis zum Ende des Jahrhunderts auf 6 Milliarden zurückgehen wird. Heute weiß aber niemand, wie die Welt in 75 Jahren wirklich aussehen wird.

1993 gingen die Wissenschaftler außerdem auf Bevölkerungszuwächse in bestimmten Ländern und Regionen ein. Damit lagen sie seinerzeit ziemlich richtig.

Am Beispiel Indien unterstellten sie einen Zuwachs der indischen Population von 864 Millionen auf 1,44 Milliarden Menschen im Jahr 2025.

Und damit auch eine Nähe an die Entwicklung im „Bevölkerungsmonster" China. Mit der genannten Einwohnerzahl ist Indien seit dem April 2023 tatsächlich das bevölkerungsreichste Land und hat seitdem mehr Einwohner als China. Diese Prognose ist also eingetreten.

Und wie geht es weiter ?

Nach diesem Ausflug in die Weltbevölkerung früher und heute bin ich wieder bei einem aktuellen Thema: Unsere Zukunft. Wir sind noch am Anfang unseres neuen Lebens in der Stadt und immer noch in der Findungsphase.

Wir leben uns noch ein und entdecken immer wieder Neues und Interessantes, was sich noch viele Jahre hinziehen kann. Das können wir nicht planen und wollen es auch nicht.

Marion und ich sind beide über siebzig Jahre alt. Wir sind bisher von ernsthafteren Krankheiten verschont geblieben, aber dennoch von gesundheitlichen Problemen betroffen.

Während ich über vierzig Jahre lang weder in einem Krankenhaus lag noch länger als drei Tage krank war, gab es in den letzten Jahren einige gesundheitsbedingte Vorfälle und Anlässe für stationäre Behandlungen.

Ich möchte damit sagen, dass wir anfälliger für gesundheitliche Probleme geworden sind, und dass wir uns fragen, mit welcher Lebenserwartung wir in unserem Alter noch rechnen können und wie wahrscheinlich eine Betreuungs- oder Pflegebedürftigkeit sein kann.

Vielleicht haben Sie sich schon selbst gefragt, wie viele Lebensjahre Sie noch rein statistisch haben. Wie lange lebt ein Mensch in Deutschland, wenn er heute zum Beispiel 40 Jahre oder 50 Jahre alt ist?

Als Mann werden Sie - egal ob heute 40 oder 50 Jahre alt - durchschnittlich 80 Jahre und als Frau 84 Jahre alt nach der Sterbetafel 2023 des Statistischen Bundesamtes. Die Lebenserwartung steigt etwas mit dem Alter.

Mit 60 Jahren werden Sie dann durchschnittlich 81 (m) bzw. 85 (w) Jahre. Im Alter von 80 Jahren kann der Mensch durchschnittlich auch noch 90 Jahre werden.

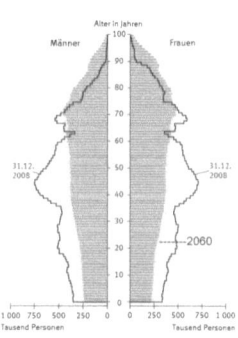

Für uns bedeutet die allgemeine Sterbestatistik, dass ich noch mit 15 Lebensjahren rechnen kann und Marion mit 17 Jahren - ohne Garantie. Es ergibt für uns keinen Sinn, wenn wir unsere Planung genau auf diesen Zeitraum abstellen, da sich unsere Lebenssituation jederzeit ändern kann. Zum Zeitpunkt meiner Geburt im Jahr 1950 hatte ich eine durchschnittliche Lebenserwartung von 66 Jahren.

Marion und ich streben kein höchstmögliches Alter an. Unsere Lebens- und Verhaltensweise wollen wir nur wegen der Aussicht auf etwas mehr Lebenszeit nicht umstellen, zumal die empfohlenen Gewohnheiten nur wahrscheinlich und nicht garantiert dazu führen. Ich spreche damit eine US-Studie aus 2023 an, nach der mit bestimmten Verhaltensweisen das Leben um mehr als 20 Jahre verlängert oder reduziert werden kann. (Quelle:

www.tagesschau.de/wissen/gesundheit/lebenserwartung-gesunder-lebenswandel-100.html).

Danach dürfte sich ein heute 40-jähriger männlicher Gesundheitsfanatiker auf noch weitere 47 Lebensjahre freuen, während einem gleich alten Gesundheitsbanausen nur noch 23 Lebensjahre blieben und dieser somit auch auf Rentenzahlungen verzichten und der Rentenkasse seine Beiträge überlassen würde.

Nach der Studie soll sich ein Neuanfang mit einem gesünderen Lebensstil immer lohnen. Egal ob 50 Jahre oder 80 Jahre alt.

Das mag wohl sein. Für Marion und mich sehe ich das etwas gelassener. Wir haben bereits mehr als 70 Jahre hinter uns, so dass sich der Effekt aus den empfohlenen Gewohnheiten ziemlich relativiert.

Zudem ist der Umfang der möglichen Lebensverlängerung im Vergleich zu einem sehr schädlichen Lebensstil bemessen worden, so dass auch die Differenz von 20 Jahren wieder zu relativieren ist.

Ich habe spaßeshalber auf der Web-Seite „wie-alt-werde-ich.de"

(https://wie-alt-werde-ich.de/#start)

nachgefragt, mit welchem Lebensalter wir nach unseren persönlichen Daten und unserer Lebensweise rechnen können.

Für uns beide ist um die 90 Jahre herausgekommen.

Bei einer Änderung nur mit zwei Merkmalen wie zwei bis drei Gläser Alkohol pro Tag und sechs bis zehn Zigaretten sollen wir nur noch leben bis wir 80 Jahre alt sind. Was bis dahin passiert, wird aber nicht erwähnt.

Nach einem SPIEGEL-Titel (Nr. 39 vom 21.9.2024) „Wie wir alle 100 werden" sollen hundert Jahre zu leben, ein Standard für alle sein, die heute geboren werden. Das wird in dem Artikel auch ausführlich erläutert und begründet. Den Wissenschaftlern geht es zunächst darum, die gesunden Jahre des Lebens zu verlängern, nicht das Leben selbst. Wenn aber mit einer medikamentösen Behandlung das Absterben von Zellen verhindert werden kann, so ist meine Ein- schätzung, wird sich auch das Lebensende weiter nach hinten verschieben.

Die Wissenschaftler sagen auch deutlich, dass die Menschen es zumeist selbst in der Hand haben, wie sie möglichst lang und gesund leben. Die zwei wichtigsten Voraus- setzungen dazu sollen richtige Ernährung sowie ausreichend Bewegung und Sport sein.

Es werden in dem Artikel auch zwei - sicherlich extreme - Beispiele von Menschen genannt, die vormittags um 11 Uhr die letzte Mahlzeit zu sich nehmen, viele Pillen und Pülverchen schlucken, viel im Fitnessstudio sind, Intervalltraining in ihren Tagesablauf integrieren, oft die Sauna nutzen und kalt duschen sowie auf eine fast fleischlose Ernährung achten.

Wir fühlen uns davon nur ansatzweise angesprochen. Etwas mehr körperliche Bewegung wäre gut, und darauf achten wir auch. Das wäre aber alles.

Wir rauchen nicht, trinken Alkohol in Maßen, nehmen keine Drogen, schlafen gut, haben kaum Stress, essen kein rohes Fleisch, vermeiden möglichst zuckerhaltige Getränke und ultraviolette Strahlung, beachten die Vorsorgeuntersuchungen usw.

Wir leben also ziemlich gesund und haben trotzdem Spaß am Leben. Und ein positives Denken über das Alter soll auch das Leben verlängern.

Es ist zudem fraglich, ob es immer ein Geschenk oder ein Glücksfall ist, wenn der Mensch richtig alt wird.

Sie haben vielleicht von einem Dorf der Hundertjährigen gehört. Nach meiner Kenntnis gibt es ein Dorf auf der Insel Sardinien und eine Region in der süditalienischen Provinz Salerno sowie einen Ort auf der Hauptinsel der in Japan liegenden Okinawa-Inselgruppe mit verhältnismäßig vielen 100-jährigen Menschen.

Einen erneuten Umzug noch weiter weg von unserem Heimatdorf wollen wir uns aber nicht mehr antun. Zudem haben wir unser bisheriges Leben anders verbracht als die Menschen in den genannten Regionen, so dass wir von den dort vorhandenen Zu- und Umständen wohl nicht profitieren dürften.

Kapitel 2 –
Gesundheit und Versorgung

2.1 Die neue Versorgungssituation

Die Nahversorgung

Ich habe die Vorteile einer Stadt im Hinblick auf die gesundheitlichen Versorgungsstrukturen vor allem im Alter bereits erwähnt, und dass wir in der näheren Entfernung von unserer Wohnung alle wichtigen Einrichtungen der Gesundheitsversorgung haben, die wir fußläufig erreichen können. Ich halte das für einen unschätzbaren Vorteil vor allem für Menschen, die in ihrer Mobilität und ihren Bewegungsmöglichkeiten eingeschränkt sind.

Wir müssen im Krankheitsfall also keine längeren Entfernungen in Kauf nehmen. Es gibt hier in der Stadt für fast alles eine spezielle Behandlungsmöglichkeit.

Die Medizinische Hochschule als eine über die Stadtgrenzen hinaus bekannte überregionale Einrichtung ist lediglich fünf Kilometer von unserer Wohnung entfernt.

Für die alltäglichen Dinge des Lebens gibt es diverse ehrenamtliche und gewerbliche Hilfsdienste für den Einkauf oder für eine Begleitung oder für hauswirtschaftliche Arbeiten.

Auch verschiedene Verpflegungsangebote und Lieferservices oder Bringdienste sind in einer Stadt mehr zu finden als auf dem Land. In unserer Wohnung wäre auch eine ambulante Pflege möglich. Es ist ein Pflegedienst in der Nähe, und die Wohnung ist stufenlos und barrierefrei erreichbar. Die Wohnung erfüllt somit die wichtigsten altersgerechten Anforderungen.

Es sind nachfolgend Beispiele von Angeboten und Einrichtungen aufgeführt, die wir von unserer Wohnung alle fußläufig erreichen können:

Schlüsseldienst	Kirchen	Krankenhaus 1
Bekleidung	Fahrschule	Friseur
Supermarkt 1	Reha-Praxis	Schule, Kita, Hort
Schneiderei	Apotheke	Lokale
Bushaltestelle 1		Bushaltestelle 2
div.Restaurants		Hausarztpraxis
Bäckerei	**Wohnung**	Pflegeheim
Kioskladen 1		Stadtsparkasse- Geldautomat
Paketdienst		Parkanlage
Bushaltestelle 3		Bushaltestelle 4
Kfz-Werkstätten	Wochenmarkt (2 x)	Kiosk 2
Coaching – Yoga	Supermarkt 2	Stadtwald
Krankenhaus 2	Zahnarztpraxis	div. Fachärzte
Buchhandlung	Rechtsanwälte	Taxi-Stand

Bestimmte Wahrscheinlichkeiten

Wir haben bereits einige Erfahrungen mit Erkrankungen und Unfällen hinter uns. In den letzten Jahren ist bei den Paaren unserer Freunde, Nachbarn und Bekannten aus früheren Zeiten bereits mehrere gestorben oder schwer krank oder pflegebedürftig geworden.

Konkreter formuliert ist es so, dass in den letzten zwanzig Jahren von elf Paaren bereits elf Personen gestorben sind und aktuell zwei einen erheblichen Pflegebedarf haben. Von den Verstorbenen war rund die Hälfte vorher pflegebedürftig. Im Ergebnis lebt heute nur noch die Hälfte aus unserem früheren Freundeskreis, zu dem sowohl ältere als auch jüngere als wir gehörten.

Das ist unser eigenes Beispiel für die heutige Altersgruppe der zwischen 65 und 85 Jahre alten Menschen. Dieses Beispiel hat keinen allgemeingültigen Anspruch. Dennoch, wir haben es so erlebt und bewusst wahrgenommen und es ist ein Teil unserer Lebenserinnerungen.

Einem positiven Lebensgefühl ist es aber nicht dienlich, permanent an mögliche schlimme Ereignisse zu denken oder nur in der Vergangenheit zu leben.

Es helfen besser Sprüche wie das geflügelte Wort „Carpe diem – Nutze den Tag" von einem römischen Dichter, der dazu aufforderte, die knappe Lebenszeit heute zu genießen und das nicht auf den nächsten Tag zu verschieben. Oder: Man kann nicht negativ denken und Positives erwarten.

Wir verschließen gleichwohl vor der Realität nicht die Augen und überlegen daher, wie wir uns auf bestimmte Wechselfälle des Lebens vorbereiten können. Hier passt der Spruch „Vorsorge ist besser als Nachsorge". Ich denke dabei vor allem an den Fall einer Pflegebedürftigkeit. Es ist nicht unwahrscheinlich, dass der Mensch im Laufe seines Lebens pflegebedürftig wird und dann auf die Hilfe anderer Menschen angewiesen ist.

Die Wahrscheinlichkeit steigt mit zunehmenden Alter. Ich möchte daher wissen, wie hoch diese Wahrscheinlichkeit ist und werte die amtliche Pflegestatistik für unsere Region aus.

Nach einer Sonderauswertung der hiesigen Koordinationsstelle Sozialplanung sind knapp sechs Prozent der Bevölkerung in der Region pflegebedürftig. Die Tendenz ist steigend.

Die Pflegequote stieg dabei von 2007 mit einem Anteil von knapp drei Prozent bis auf den aktuellen (doppelten) Wert von sechs Prozent.

Die Sozialplanung sieht die stetige Zunahme als Folge demografischer Alterung. Was bedeutet das für uns?

Marion und ich sind beide über 70 Jahre alt. Nach der Pflegestatistik liegt der Anteil der Menschen von 75 bis 84 Jahren bei 23 % aller Pflegebedürftigen. Hier sind nur die Menschen gemeint, die auch Leistungen der gesetzlichen Pflegeversicherung erhalten.

Tatsächlich dürfte der Anteil noch höher liegen. Für uns bedeutet das mit einer Wahrscheinlichkeit von rund eins zu vier in den nächsten Jahren pflegebedürftig zu werden.

Ich nehme an, dass dieses Risiko nach der Versicherungsmathematik als hoch einzu-schätzen ist. Ein beispielhaftes und nicht repräsentatives aktuelles Angebot einer deutschen Versicherungsgesellschaft für ein Pflegetagegeld in Höhe von 90 € würde aktuell eine Beitragszahlung von monatlich 558 € für mich vorsehen. Das genannte Pflegetagegeld würde einen monatlichen Zuzahlungsbetrag in Höhe von rund 2.700 € in einem Pflegeheim auffangen.

Die Zuzahlungen müssten insoweit nicht aus dem eigenen Einkommen oder dem Vermögen geleistet werden.

Ich rechne etwas weiter und unterstelle eine Pflegebedürftigkeit in zehn Jahren. Dann hätte ich rund 67.000 € an Prämien gezahlt.

Die Versicherungsleistung als Pflegetagegeld würde bei monatlich 2.740 € und jährlich bei 32.900 € liegen. Die bis dahin eingezahlten Versicherungsbeiträge in Höhe von 67.000 € wären also nach zwei Jahren Pflegeheim erreicht, so dass sich jeder weitere Monat im Pflegeheim finanziell für mich rechnen würde.

Die aktuellen Leistungszuschläge der gesetzlichen Pflegeversicherung habe ich dabei nicht berücksichtigt.

Diese Rechnung ist aber eher unwahrscheinlich, da niemand weiß, wie hoch sowohl die Pflegeheimkosten als auch die Leistungen der gesetzlichen Pflegeversicherung in zehn Jahren tatsächlich sind.

Es ist anzunehmen, dass die Pflegeheimkosten weiter steigen werden und die Versicherungsleistung dann nicht mehr auskömmlich sein dürfte oder bei einer dynamisierten Regelung höhere Versicherungsprämien zu leisten wären.

Das ist nur ein beliebiges Beispiel, und wie das mit Versicherungen so ist, kann der Versicherungsfall eintreten oder nicht.

Es dürfte aber sicher sein, dass die Versicherungsgesellschaft ihr Angebot so kalkuliert hat, dass es sich für sie allgemein rechnet, da sie schließlich Gewinne erwirtschaften muss.

Ich halte von einer zusätzlichen Versicherung für den Pflegefall nicht viel. Wenn Sie sich dafür interessieren sollten, empfehle ich Ihnen die Informationen der Stiftung Warentest zu den Pflegetagegeldversicherungen (Quelle:

https://www.test.de/Pflegetagegeldversicherungen-im-Vergleich-4837475-tabelle/).

Weitere Informationen gibt es auch bei Finanztip (Quelle:

(https://www.finanztip.de/pflegezusatzversicherung/).

2.2 Die Wohn- und Betreuungsformen im Alter

Eine erste Übersicht

Die Wohn- und Betreuungsmöglichkeiten im Alter sind nahezu unbegrenzt. Es gibt die unterschiedlichsten Arten, wie zum Beispiel Wohnen und Betreuung in den eigenen vier Wänden, in Hausgemeinschaften, in ambulanten Bereichen, in teilstationären Einrichtungen, in Residenzen, in Wohnprojekten, in heimähnlichen Betrieben oder in vollstationären Heimen. Und bei den einzelnen Arten wird noch differenziert nach Wohn- und Betreuungsumfang sowie nach Organisation und Trägerschaft. Und die Unterschiede und Abgrenzungen sind nicht immer eindeutig erkennbar.

Wer kann dazu den Überblick behalten und das Richtige für sich herausfinden? Und soll auch noch beachten, dass bestimmte Wohn- und Betreuungsformen nicht für eine schwere Pflegebedürftigkeit auf Dauer geeignet sind?

Ich versuche etwas Licht ins Dunkel zu bringen und erkläre allgemein die einzelnen Arten.

Wohn- und Betreuungsformen im Einzelnen:

(ohne Anspruch auf Vollständigkeit)

Wohnung / Haus / Eigentum
Bezeichnungen
Altenwohnung – Wohnen plus – Hausmeistermodell – angepasste und barrierefreie Wohnung – Betreutes Wohnen zu Hause
Vorteile: Vertrautes Umfeld – kein Wohnungswechsel – Zuschüsse für Umbauten – separate Tages- oder Nachtpflege möglich Nachteile: Verbleib im schweren Pflegefall nicht immer möglich – Betreuung nicht umfassend
Besonders geeignet für: Menschen mit einer altersgerechten Wohnung und mit noch keinem oder einem leichten Pflegebedarf und für Paare mit unterschiedlichem Pflegebedarf soweit ein ambulanter Pflegedienst in der Nähe bei Bedarf beansprucht werden kann

Betreutes Wohnen

Bezeichnungen

Service-Wohnen – Unterstütztes Wohnen –
Wohnen mit Service

Vorteile:

Neben einer Betreuungspauschale je nach Bedarf
auch Wahlleistungen möglich – Anlaufstelle mit
Informations- und Vermittlungsdienst

Nachteile:

Wahlleistungen kostenpflichtig – Höhe
Betreuungspauschale unabhängig von Bedarf – Im
Pflegefall unterschiedliche Regelungen (ambulanter
Pflegedienst oder Pflegeabteilung oder
angeschlossenes Pflegeheim) –

Nicht immer Betreuung rund um die Uhr

Besonders geeignet für:

Noch nicht oder leicht pflegebedürftige Menschen
oder Paare mit unterschiedlichem Pflegebedarf, die
bei Problemen oder Fragen Wert auf
eine Ansprechperson und auf
Gemeinschaftsaktivitäten legen

Wohnprojekte

Bezeichnungen

Senioren-Wohngemeinschaft – Hausgemeinschaft – Altendorf – Mehrgenerationenhaus – Nachbarschaftsgemeinschaft - Pflege-Wohngemeinschaft – Wohngenossenschaft - Wohnprojekt mit Service-Stützpunkt – Wohnprojekt mit Vermittlungsbüro

Vorteile:

Zusammenleben mit Gleichgesinnten - Wohn- und Betreuungsformen können weitgehend selbst entschieden werden – Eigenständigkeit kann erhalten bleiben

Nachteile:

Bindung durch Finanzierungsanteile - Konflikte durch Gemeinschaft möglich - Pflegeeinrichtungen meist separat – Pflege in der Gemeinschaft nicht immer gewollt oder vorgesehen

Besonders geeignet für

nicht oder leicht pflegebedürftige Menschen oder Paare mit unterschiedlichem Pflegebedarf und mit Interesse für Zusammenarbeit und Entwicklung von gemeinschaftlichen Aktivitäten sowie Lösung von Problemen

Stationäre Einrichtungen
(nach Heimgesetz)

Bezeichnungen

Seniorenwohnheim – Altenheim – Pflegeheim - Pflegewohnheim

Vorteile:

Umfassende Betreuung und Pflege - 24-Stunden- Service – Gemeinschaftsangebote – Sozialamt übernimmt im Bedarfsfall die Kosten (nach Einsatz von Einkommen und Vermögen über Freigrenze)

Nachteile:

Im leichten Pflegefall nur geringe Pauschale der Pflegeversicherung – Immer hoher Eigenanteil, da Pflegeversicherung nur Pauschale für Pflegekosten leistet -

Besonders geeignet für

Menschen ab Pflegegrad 2 (erheblich bis schwerst pflegebedürftig)

Wohnstifte und Residenzen

Bezeichnungen

Seniorenresidenz – Seniorenwohnanlage –
Seniorendomizil – Altersresidenz – Heimstiftung -
Altenwohnstift

Vorteile

Gehobenes Wohn- und Ausstattungsniveau –
Vielfältige Gemeinschafts- und
Unterhaltungsangebote – Meist mit Schwimmbad,
Sauna und Kegelbahn etc. sowie Restaurant und
Café, Bibliothek und Clubräume – Appartement
häufig mit kleiner Küche - Im Pflegefall meist Verbleib
in der Wohnanlage möglich

Nachteile:

Komfort und Wohnniveau müssen bezahlt werden-
Oft mit einem Wohndarlehen verbunden –
Meist keine Aufnahme von bereits
pflegebedürftigen Menschen -
Sozialamt zahlt nicht, wenn keine
Entgeltvereinbarung

Besonders geeignet für

Menschen, die noch aktiv und auch wohlhabend
sind und auch einen Service mit umfassenden
Angeboten bevorzugen

Hinweis: Es sind vorstehend keine Wohn- und
Betreuungsformen für Menschen mit Behinderungen
aufgeführt.

Von der Verbraucherzentrale zum Beispiel gibt es einen Ratgeber über die verschiedenen Wohnformen im Alter mit Bestellmöglichkeiten unter

https://www.vzth.de/buecher-und-ebooks/wohnen-im-alter

Und was ist mit den Kosten?

Die Kosten bei den jeweiligen Wohn- und Betreuungsformen sind im Einzelfall und im Hinblick auf einen Pflegebedarf von vielen unterschiedlichen Gegebenheiten und persönlichen Umständen abhängig. Eine vergleichende Kostenermittlung ist ein komplexes Unterfangen. Ich stelle daher wegen einer besseren Vergleichbarkeit innerhalb der jeweiligen Wohn- und Betreuungsform auf Durchschnittssätze ab. Soweit mir diese nicht vorliegen, kann ich nur einzelne Beispiele nennen.

In der eigenen Wohnung oder dem eigenen Haus

Wer im Alter (weiter) in der eigenen Wohnung oder dem eigenen Haus lebt, hat zunächst keine weiteren Kosten.

Diese fallen – unabhängig vom Alter - erst an, wenn Liefer-, Betreuungs-, Fahr- oder Pflegedienste beansprucht werden. Zusätzliche Kosten entstehen bei der Anpassung einer Wohnung bzw. eines Hauses an alters-, behinderungs- oder krankheitsbedingte Anforderungen.

Dabei handelt es sich meist um Investitionsmaßnahmen, die nur einmalig anfallen und für die Zuschüsse beantragt werden können.

Es ist aber fraglich, ob jedes Haus oder jede Eigentumswohnung für Umbau- und Anpassungsmaßnahmen geeignet ist.

Ein Lift oder ein ausreichend großes Bad mit Platz für die Pflegekräfte oder ein stufenloser Zugang können nicht überall eingebaut oder hergestellt werden. Und wenn es auch noch einen Garten gibt, der gepflegt werden muss, was dann?

Die Voraussetzungen für ein altersgerechtes Wohnen zu Hause

Es ist daher wichtig, rechtzeitig die Voraussetzungen für ein sicheres und bedarfsgerechtes Wohnen im Alter zu schaffen, um sich nicht später im akuten

Bedarfsfall mit den damit verbundenen Umständen und Kosten befassen zu müssen.

Meine Frau und ich haben bei der Wohnungssuche für unserem Umzug in die Stadt Hannover zunächst nur auf bestimmte Voraussetzungen für einen altersgerechten Wohnraum geachtet. Das waren in erster Linie eine stufenlose Erreichbarkeit und Sicherheitsvorkehrungen für den Haus- und Wohnungszugang.

Es gibt daneben aber weitere zentrale Aspekte für einen altersgerechten Wohnraum. Dazu zählen vor allem

A) eine **Wohnungsausstattung** mit

ausreichend breiten Türen,

Platz für Rollator und Rollstuhl,

stabilen Haltegriffen vor allem im Sanitärbereich,

einer erhöhten Toilette,

rutschfesten Bodenbelägen ohne Teppiche,

leicht erreichbaren Schränken in der Küche,

einer guten Beleuchtung der Räume mit blendfreien Lichtquellen,

Bewegungsmelder für Aktivierung der Beleuchtung,

Rauchmelder und Notrufsysteme,

einer technischen Unterstützung (Sprachsteuerung, automatisierte Systeme) und

B.) eine **Wohnungslage** mit einer Nähe

von Einkaufsmöglichkeiten,

Arzt- und Facharztpraxen,

Apotheken,

Gesundheitsdiensten,

öffentlichen Verkehrsmitteln,

Gemeinschaftseinrichtungen,

Angeboten für soziale Aktivitäten.

Des Weiteren gelten DIN-Vorschriften für Wohnen und Barrierefreiheit. Diese sind in DIN 18040 Teil 1 und Teil 2 geregelt. Weitere Informationen dazu sind unter anderem auf der vom Bundesministerium für Familie, Senioren, Frauen und Jugend betriebenen folgenden Webseite zu finden:

https://www.serviceportal-zuhause-im-alter.de/wohnen.

Es ist schließlich ein altersgerechtes Wohnen nicht nur für alte Menschen von Bedeutung. Dessen Voraussetzungen können mehr oder weniger auch für andere Menschen gelten, wie zum Beispiel für Familien mit Kleinkindern, für Menschen mit einer Behinderung oder für die Versorgung im Krankheitsfall. Die genannten Voraussetzungen bieten also vielfältige Nutzungsmöglichkeiten.

Im Betreuungs- und Pflegefall

Eine Kurzübersicht zu den Leistungen der Pflegekasse, wenn eine pflegebedürftige Person im eigenen Haushalt lebt (ab 2025):

Pflege-grad	Pflegedienst höchstens -€-	Pflegegeld pauschal -€-	Tagespflege -€-
1	131	131	131
2	796 (+ 131)	347 (+ 131)	721
3	1.497 (+ 131)	599 (+ 131)	1.357
4	1.859 (+ 131)	800 (+ 131)	1.685
5	2.299 (+ 131)	990 (+ 131)	2.085
Hilfsmittel	42	42	-

Das Pflegegeld wird gezahlt, wenn die Pflege durch Angehörige oder sonstige Personen sichergestellt wird. Diese häusliche Pflege kann mit der Hilfe durch einen Pflegedienst kombiniert werden. Die Leistungen werden dann aufgeteilt. Darüber hinaus werden Leistungen für eine Verhinderungs- und Kurzzeitpflege gewährt. Weitere Informationen und Beratungen bieten die jeweiligen Pflegestützpunkte an, die bei den Landkreisen oder größeren Städten eingerichtet sind.

Der jeweilige Leistungsumfang richtet sich sowohl bei den pauschalen Leistungen als auch für die Anpassungsmaßnahmen nach dem persönlichen Pflegebedarf und den baulichen Umständen in der Wohnung, so dass ein allgemeingültiger Betrag für die anfallenden Kosten und die dafür infrage kommenden Leistungen der gesetzlichen Pflegeversicherung nicht genannt werden kann.

Es ist aber davon auszugehen, dass bei einer Pflegebedürftigkeit die Leistungen und Hilfen des ambulanten Pflegedienstes nicht immer zur Bedarfsdeckung ausreichen, so dass eigene Mittel eingesetzt werden müssen. Der Pflegedienst erbringt nur Leistungen der reinen Pflege in einem von den Pflegekassen vorgegebenen Umfang.

Soweit diese Leistungen fachlich und zeitlich nicht auskömmlich sind, muss der darüber hinausgehende Pflegeeinsatz aus der eigenen Tasche bezahlt werden.

Das gleiche gilt auch für Pflege-ergänzungsleistungen, für hauswirtschaftliche Hilfen und Verrichtungen oder für sonstige notwendige Versorgungsmaß-nahmen.

Bei einem Pflegebedarf und einem Verbleib in der bisherigen Wohnung wird ein Mensch von anderen Personen abhängig.

Das mag bei einem professionellen Pflegedienst noch auf Gegenseitigkeit beruhen, da dieser für seine Leistung eine Vergütung durch die Pflegekasse erhält und ggf. ergänzend durch die pflegebedürftige Person.

Bei Verwandten, Nachbarn oder Bekannten ist das Verhältnis aber ein anderes. Wenn diese bereit sind, für häusliche oder persönliche Hilfen einzuspringen, entsteht leicht ein ungeregeltes Abhängigkeits-verhältnis, das mit einer Ungewissheit für den weiteren Verlauf verbunden ist. Unbestimmt ist auch, welchen Ausgleich die Helfenden für ihren Einsatz erhalten sollen oder wollen.

Nach einem Gutachten des Sozialverbands Deutschlands (SoVD) soll sich der Umfang der häuslichen Pflege durch informelle Pflegepersonen wie Angehörige oder Nahestehende auf durchschnittlich 21 Stunden pro Woche belaufen. Die Dauer soll sich auf vier Jahre im Schnitt summieren, und die Pflege und Betreuung durch rund 70 Prozent weibliche Personen im Alter von 55 bis 65 Jahre geleistet werden.

Ein Hinweis:
Rentenansprüche für nicht erwerbsmäßige Pflege

Es dürfte den wenigsten Beteiligten – und damit auch den Pflegebedürftigen - bewusst sein, dass die Pflegenden einen Teil ihrer Lebenszeit zumeist unentgeltlich opfern und damit dem Risiko der Altersarmut ausgesetzt sind. Wenn das für den Vater oder die Mutter bewusst getan wird, kann es auch ohne eine monetäre Gegenleistung noch nachvollziehbar sein. Dennoch sollten nicht erwerbsmäßig tätige Pflegepersonen, zu denen auch Kinder gehören können, berücksichtigen, dass sie für ihre Pflegedienste Rentenansprüche über Beiträge durch die Pflegekasse erwerben können.

Es gibt dafür bestimmte Voraussetzungen, wie vor allem keine berufsmäßige Pflege, mindestens Pflegegrad 2 für die pflegebedürftige Person und die Pflege muss mindestens zehn Stunden die Woche verteilt auf zwei Tage erfolgen. Dann ergeben sich zum Beispiel Rentenansprüche in Höhe von monatlich rund 25 € für die Pflege einer Person mit Pflegegrad 4 und bei 10 Stunden die Woche für ein Jahr lang.

Das kostet keinen Cent, da die Beiträge von der Pflegekasse in die Rentenkasse eingezahlt werden. Die Pflegetätigkeit kann darüber hinaus auch auf Wartezeiten für andere Rentenansprüche angerechnet werden.

Weitere Infos und Einzelheiten bei der Deutschen Rentenversicherung:

https://www.deutsche-rentenversicherung.de/DRV/DE/Rente/Familie-und-Kinder/Angehoerige-pflegen/angehoerige-pflegen_node.html

Bei Ehegatten oder eingetragenen Lebensgemeinschaften ist das Verhältnis geregelt. Wie heißt es doch: „In guten wie in schlechten Tagen". Insoweit dürfte es als eine moralische Pflicht angesehen werden, sich gegenseitig zu helfen.

Es gibt aber auch eine gesetzliche Unterhaltspflicht unter Ehegatten und eingetragenen Lebensgemeinschaften. Nach dem Bürgerlichen Gesetzbuch sind diese verpflichtet, einander angemessen finanziell zu versorgen. Der Bundesgerichtshof (BGH) hat in einem Fall entschieden, dass bei einem Ehepaar mit einer Frau in einem Pflegeheim der Mann für sich einen Selbstbehalt für den eigenen Lebensunterhalt beanspruchen kann.

Nur der darüber liegende Einkommensteil muss für die Heimkosten der Ehefrau eingesetzt werden.

Wenn diese Rechtsprechung auf den Fall einer häuslichen Pflege unter Ehegatten übertragen wird, bedeutet das in finanzieller Hinsicht, dass die gesamten Einkünfte des Ehepaares abzüglich ihres angemessenen Selbstbehaltes für die häuslichen Pflege-kosten aufzubringen wären.

Der Einsatz von ausländischen Betreuungskräften

Eine Möglichkeit die Pflege auch in der häuslichen Umgebung sicherzustellen, ist der Einsatz von ausländischen Pflegepersonen. Menschen aus der EU können in einem

Privathaushalt ohne eine besondere Arbeitserlaubnis beschäftigt werden. Die Tätigkeit dieser Pflegepersonen wird häufig über Vermittlungsagenturen organisiert. Dabei soll mit Kosten von mindestens 2.500 € pro Monat zu rechnen sein. Hinzukommen weitere individuelle Kosten zum Beispiel für Internetzugang, Telefon und Fahrten sowie eventuell auch für Wohnung und Verpflegung der Betreuungskraft.

Zu beachten ist, dass für die Beschäftigung das deutsche Arbeitsrecht gilt.

Wichtige Hinweise gibt es bei der Verbraucherzentrale unter

https://www.verbraucherzentrale.de/wiss en/gesundheit-pflege/pflege-zu-hause/

auslaendische-betreuungskraefte-wie-geht-das-legal-

Ich denke, die Problematik ist deutlich geworden, wenn jemand eigensinnig ist und sagt, bis zum Ende seines Lebens in seiner Wohnung oder seinem Haus bleiben zu wollen. Die damit verbundenen Probleme haben die Angehörigen oder die anderen helfenden Personen auszubaden.

Für die anderen ist der Tod eines Menschen dann noch nicht das Ende.

Es kann sein, dass das dicke Ende erst noch kommt. Wie das verhindert werden kann, erläutere ich im Kapitel 3.

Kosten für das Betreute Wohnen

Beim Betreuten Wohnen oder Service-Wohnen wird ein Appartement zur Miete (ggf. auch Kauf) angeboten.

Dazu können verschiedene Unterstützungsleistungen in Anspruch genommen werden, wie z.B. Hausnotruf, Ansprechperson, Reinigungsdienst, Wäscheservice, Gebäudemanagement, Vermittlung von Pflege etc. Es sind oftmals auch Gemeinschaftsräume, Lobbybereiche oder Gesundheitsabteilungen (Sauna, Fitnessraum u.ä.) vorhanden.

Daneben gibt es kostenpflichtige Wahl- oder Zusatzleistungen wie Haushaltshilfen, Wohnungsreinigung, ambulante Pflege, Menüservice, Haar- und Fußpflege etc. meist durch externe Anbieter.

Wichtig ist, dass im Pflegefall auch die ambulante Pflege in der Wohnung durch einen Pflegedienst sichergestellt werden kann.

Ein Umzug in ein Pflegeheim ist also nicht erforderlich. In manchen Fällen ist auch eine Tagespflege im Haus möglich oder ein stationärer Pflegebereich angeschlossen. Es wird in der Regel ein Mietvertrag und ein Betreuungs- oder Dienstvertrag vereinbart. Ich habe mich über einige Angebote des Betreuten Wohnens hier in der Stadt informiert und dazu folgende Kosten festgestellt (Stand: Januar 2024):

Beispiele:

Merkmale	Beispiel 1	Beispiel 1 allein	Beispiel 2	Beispiel 3
Größe	85 qm	55 qm	97 qm	65 qm
Kaltmiete	1.226	805	1.555	390
Pro qm	14,43	14,64	16,00	6,00
Nebenkosten	293	173	300 ca.	165 + 50
Service-pauschale	174	174	100	45
dt 2. Person	141	0	100	45
Alle Kosten	1.834	1.152	2.055	695

(Beträge jeweils in EUR)
In dieser Übersicht sind keine Wahlleistungen, wie zum Beispiel ein Mittagessen, enthalten.
Die Beispiele sind nicht repräsentativ.

Die angebotenen Betreuungsleistungen reichen von ausreichend bis umfänglich. Der Kostenanteil für die Betreuungspauschale ist entsprechend unterschiedlich. Es können auch extrem günstige Angebote vorhanden sein, die aber mit einem bescheidenen Angebot und Voraussetzungen wie Aufnahme nur mit einem Wohnberechtigungsschein verbunden sind.

Zu dem genannten Beispiel 3 ist auf meine Nachfrage erklärt worden, dass zwar in einigen Häusern ein Wohnberechtigungs-schein erforderlich sei, in dem genannten Haus aber nicht. Das Beispiel findet sich in der Trägerschaft einer Stiftung mit sozialen Zielen, wie zum Beispiel das Angebot von günstigem Wohnraum mit einer gewissen Betreuung für ältere Menschen.

Es kann für die eigene Entscheidung hilfreich sein, sich über möglichst viele Angebote zu informieren und sich beraten zu lassen.

Ein Qualitätsmerkmal wäre dabei die Zertifizierung nach den Qualitätsstandards der DIN 77800.

Ich empfehle darüber hinaus, sich auch mit den vertraglichen Regelungen zu befassen.

Es ist üblich, dass ein Mietvertrag für das Wohnen und ein Dienst- oder Betreuungsvertrag für die Serviceleistungen vereinbart wird. In den Verträgen sollten die Eigenschaften des Appartements und die Höhe der Kaltmiete und der Nebenkosten sowie der Inhalt und Umfang der Serviceleistungen klar und deutlich formuliert sein.

Die Höhe der Kaltmiete sollte sich am ortsüblichen Mietniveau und eines Zuschlages für die besondere Ausstattung an Gemeinschafts- und Versorgungsräumen und -flächen orientieren. In einem Beitrag des NDR-Magazins „Markt" vom 29.4.2024 wurde gesagt, dass die Nettomiete keinesfalls über 30 € je qm liegen solle.

Das Betreute Wohnen ist nicht zu verwechseln mit dem Ambulant Betreuten Wohnen oder den entsprechenden Wohngruppen, bei denen es einen gemeinsamen Küchenbereich mit einer gemeinsamen

Organisation unter Betreuung des jeweiligen Anbieters gibt.

Wohnprojekte und deren Kosten

Es sind bundesweit die unterschiedlichsten Wohnprojekte für ältere Menschen – auch teilweise zusammen mit jungen Menschen - zu finden. Art, Umfang, Organisation und Finanzierung sind dabei so verschieden wie das Leben und Wohnen selbst.

Es gibt Beispiele, die von professionellen Trägern oder von Menschen gemeinschaftlich gegründet werden.

In den meisten Fällen geht es um die Schaffung von Wohnungen für gleichgesinnte Menschen mit den Zielen nachbarschaftlicher Kontakte und Hilfen, eines gemeinschaftlichen Zusammenlebens, des Austauschs gegenseitiger Unterstützungsmaßnahmen und einer gesellschaftlichen Teilhabe.

Es handelt sich also um gemeinschaftliches Wohnen in unterschiedlich organisierten und finanzierten Formen. Das wird auch deutlich durch die Bezeichnungen der verschiedenen bundesseitig geförderten Modellprogramme.

Wie zum Beispiel „Gemeinschaftlich wohnen, selbstbestimmt leben", „Leben wie gewohnt", „AGIL – altersgerecht, gemeinschaftlich und inklusiv leben" oder „Mehrgenerationenhaus Miteinander – Füreinander".

Eine Übersicht mit den verschiedenen Wohnprojekten in den Bundesländern ist meist mit dem Suchwort „Wohnprojekte in …" im Internet zu finden.

Im Hinblick auf die Kosten für gemeinschaftliche Wohnprojekte sind allgemeingültige Aussagen nicht möglich. Ich kann nur empfehlen, dass Sie sich über ein Projekt oder Vorhaben

- ausführlichst bei neutralen Stellen informieren,

- Vergleichseinrichtungen ansehen,

- Erfahrungsberichte auswerten,

- bei einem Kapitaleinsatz ein berechtigtes Misstrauen bewahren,

- mit den jeweiligen Rechten und Pflichten des Gemeinschaftslebens eingehend beschäftigen.

Nach meiner Einschätzung müssten sich die Kosten für ein gemeinschaftliches Wohnen im Rahmen der allgemeinen Wohnungskosten bewegen, soweit besondere Serviceleistungen nicht inkludiert sind.

Wie bei den allgemeinen Wohnkosten müssen alle besonderen Zusatz- und Dienstleistungen ergänzend bezahlt werden. Das gilt auch für ambulante Pflegedienste.

Darin unterscheidet sich das „normale Wohnen" im Alter nicht von den Wohnprojekten für ältere Menschen. Die Wohnprojekte bieten aber ergänzend die Möglichkeit des Zusammenlebens in einer Gemeinschaft.

Bei gemeinschaftlichen Wohneinrichtungen rate ich zu einer sorgfältigen Prüfung der Voraussetzungen und der Gegebenheiten für das Leben in der jeweiligen Gemeinschaft.

Bei Problemen, Streitfragen oder sonstigen Konflikten müssen gemeinsam Lösungen gefunden werden. Das kann eine Gemeinschaft noch stärker zusammen- oder auch auseinanderbringen.

Zur Vermeidung von bösen Überraschungen sollten Sie sich bei Wohnprojekten und Wohngemeinschaften jeglicher

Rechtsnatur, auch bei einer rein privat organisierten und geregelten WG, ausführlich rechtlich beraten lassen.

Beispielsweise haften Mitglieder einer Gesellschaft bürgerlichen Rechts (GbR) mit ihrem gesamten Privatvermögen für die WG als Gesellschaft.

Es gibt weitere Informationen und Beratungen über gemeinschaftliche Wohnprojekte beim Forum Gemeinschaftliches Wohnen e.v. - Bundesvereinigung, Hildesheimer Str. 15, 30169 Hannover – Tel.: +49 511 165910-0- oder *https://verein.fgw-ev.de/* .

Eine Anmerkung von Marion zu einer Wohngemeinschaft:

„Ich habe mir vor über zwanzig Jahren, als wir noch in unserer alten Heimat waren und meine Eltern sowie meine Schwiegermutter noch lebten, sehr gut ein Wohnprojekt mit ihnen und auch zusammen mit zwei befreundeten Ehepaaren vorstellen können. Es war in der Nachbarstadt ein größeres Haus mit Außengelände zu kaufen. Es hätten dort alle ihren Platz und ihre Räume finden können.

Ich hätte dann meine Eltern, die Schwiegermutter und auch unsere befreundeten Paare alle unter einem Dach gehabt.

Wir wären eine große Wohngemeinschaft gewesen. Das waren damals meine Wünsche für ein Leben im Alter.

Es ist leider aus verschiedenen Gründen nichts geworden. Zum einen hätten die befreundeten Paare ihr bisheriges Wohneigentum aufgeben müssen und zum anderen sind meine Eltern einige Zeit später gestorben.

Ich sehe heute meine damaligen Überlegungen auch nicht als wirklich realistisch an; es war mehr ein Wunschdenken."

Soviel kostet ein Platz im Pflegeheim

Für eine vollstationäre Unterbringung in einem Pflegeheim oder einem Altenheim gibt es gesetzliche Regelungen sowohl für die Einrichtung selbst und die dort lebenden Menschen durch das Heimgesetz als auch für die Übernahme der Kosten durch die soziale Pflegeversicherung und das Sozialamt.

Dafür gelten das Elfte Buch Sozialgesetzbuch (SGB XI) – Soziale Pflegeversicherung - und das Zwölfte Buch Sozialgesetzbuch (SGB XII) – Sozialhilfe -.

Wer allerdings glaubt, dass die Pflegeversicherung alle Kosten der Pflege trägt, der glaubt auch, dass ein Zitronenfalter Zitronen faltet.

Spaß beiseite und wieder zur Sache.

Die Kosten für die Betreuung in einem Altenpflegeheim werden von der Pflegekasse und gegebenenfalls dem Sozialamt nur übernommen, wenn eine Pflegebedürftigkeit vorliegt. Dabei wird seit 2017 nach den Pflegegraden 1 bis 5 unterschieden. Vorher galten Pflegestufen von 0 bis 3. Mit dem Pflegegrad 1 und einem leichten Pflegebedarf gibt es nur einen pauschalierten Entlastungsbetrag in Höhe von zur Zeit 125 € monatlich. Dieser Entlastungsbetrag ist auch für die häusliche Pflege und ergänzend für die Pflegegrade 2 bis 5 vorgesehen.

Wer sich nur mit dem Pflegegrad 1 in einer vollstationären Pflegeeinrichtung befindet, muss die restlichen Kosten für die Unterkunft, die Verpflegung, den Investitionsaufwand und die Pflege selbst aufbringen.

Dafür ist zur Zeit mit etwa 3.600 € im Monat zu rechnen, mal mehr und mal weniger.

Die Pflegekasse beteiligt sich bei einer vollstationären Pflege mit den Leistungen der sozialen Pflegeversicherung in einer nennenswerten Höhe erst ab dem Pflegegrad 2. Bei den Pflegegraden 2 bis 5 sind die verbleibenden Restanteile der pflegebedürftigen Menschen an den Heimkosten immer gleich. Nicht berücksichtigt sind dabei mögliche Wahlleistungen. Es spielt also im Hinblick auf die Kosten der jeweilige Pflegegrad insoweit keine Rolle. Die Höhe ist nur für die Pflegekasse von Bedeutung, da sie bei höheren Pflegegraden auch höhere Leistungen gewähren muss. Auch diese Regelung gilt seit 2017.

Dazu eine Übersicht mit dem Beispiel eines Altenpflegeheimes in der Trägerschaft der Stadt Hannover:

Pflegegrad (PG)	PG 1	PG 3	PG 5
Pflegekostenanteil	2.185	3.293	4.036
Unterkunft/ Verpflegung	921	921	921
Investitions- aufwand	548	548	548
Heimkosten gesamt	**3.654**	**4.762**	**5.505**
Ab Pflegekasse	125	1.262	2.005
Eigenanteil	3.529	3.500	3.500
Zulage Pflegekasse im 1. Jahr	0	304	304
Rest Eigenanteil im 1. Jahr	**3.529**	**3.196*)**	**3.196*)**
Leistungszulage ab 4. Jahr	0	1.523	1.523
Rest Eigenanteil ab 4. Jahr	**3.529**	**1.977**	**1.977**

(Stand: Dezember 2024)

*) Der verbleibende Eigenanteil im ersten Jahr hat sich innerhalb eines Jahres um 25% erhöht.

Hinweis: Beträge in EUR gerundet

Es wird auch aus dieser Zusammenstellung deutlich, dass die Pflegeheimkosten nunmehr eine Höhe erreicht haben, die von Menschen mit einem durchschnittlichen Renteneinkommen nicht mehr bezahlt werden können.

Das gilt noch mehr für den Fall, dass von einem Paar beide in einer Pflegeeinrichtung sind. Dann werden nach dem obigen Beispiel mit Berücksichtigung des sogenannten Taschengeldes im ersten Jahr mindestens rund 6.600 € im Monat benötigt.

Ab dem vierten Jahr immer noch 4.200 € monatlich.

Wer kann sich das „erlauben" ?

Bei dem genannten Monatsbetrag des verbleibenden Eigenanteils in Höhe von rund 3.200 € im ersten Jahr handelt es sich um ein beliebiges Beispiel, das keinen Durchschnittswert darstellt.

Es gibt bundesweit davon abweichende Beträge, die regional sehr unterschiedlich sein können. Dabei bewegten sich in den einzelnen Bundesländern die verbleibenden Eigenanteile Anfang 2024 in einer Spanne zwischen durchschnittlich monatlich 2.200 € bis fast 4.000 € .

Zwischenzeitlich dürften sich auch diese Beträge erneut erhöht haben. In einzelnen Einrichtungen können die Eigenanteile aber auch noch über oder unter der Durchschnittsspanne liegen.

Das Problem mit der Heimkosten-entwicklung und der damit verbundenen immer höheren Eigenbelastung der pflege-bedürftigen Menschen bei weiter gleich-bleibenden Leistungen der Pflegeversicherung wird uns wohl noch weitere Jahre begleiten. Das ist bundesweit ein komplexer Problem-bereich, für den es eine Lösung geben muss.

Und was wird gegen die steigenden Heimpflegekosten unternommen ?

Es ändern an der Situation auch die ab 2022 eingeführten Leistungszulagen der Pflegekassen für die Pflegekostenanteile nicht viel. Ab 2024 liegen diese Leistungszulagen im 1. Jahr des Heimaufenthaltes bei 15%, im zweiten Jahr bei 30%, im dritten Jahr bei 50% und ab dem vierten Jahr bei 75% für die reinen Pflegekostenanteile.

Das sind im vorher genannten Beispiel des Altenpflegeheimes im ersten Jahr 304 €, im zweiten Jahr 609 €, im dritten Jahr 1.015 € und ab dem vierten Jahr 1.523 € monatlich.

Die Leistungszulagen kompensieren den Kostenanstieg leider nur zum Teil.

Die Regelung ist zudem eine Mogelpackung, da die höheren Leistungszulagen eine längere Verweildauer im Pflegeheim voraussetzen, die nach statistischen Erhebungen aber weniger als die Hälfte der in einem Heim lebenden Menschen erreicht.

Bei den genannten Beträgen muss auch noch berücksichtigt werden, dass sich diese auf die reinen Heimpflegekosten beziehen. Es können noch zusätzliche Ausgabenanteile zum Beispiel für größere Zimmer und für Wahlleistungen, wie die Kosten für einen Friseur oder für Veranstaltungen oder für ein Sektfrühstück als Tischrunde anlässlich eines Geburtstags hinzukommen.

Neben den Leistungszulagen gibt es seit Anfang 2023 für Menschen in Pflegeheimen auch einen Anspruch auf Wohngeld. Das sogenannte „Wohngeld plus" ist allerdings antrags- und einkommensabhängig und richtet sich nur nach dem Miethöchstwert der jeweiligen Region, also nicht nach den anteiligen Wohnkosten im Heim. Auskünfte erteilen die Wohngeldstellen der Stadt- und Kreisverwaltungen.

Wenn die Armut im bisherigen Leben keine Rolle gespielt hat, dann wird sie spätestens (im Alter) bei einem Pflegebedarf zum Thema.

Stichwort „Armutsfalle Pflege".

Das gilt vor allem dann, wenn es keine Angehörigen oder Nahestehenden für die häusliche Pflege gibt oder die Hilfe durch einen ambulanten Pflegedienst nicht ausreicht und somit eine vollstationäre Pflege erforderlich ist.

Nach einer eigenen Kostenaufstellung aus dem Jahr 2018 für den Aufenthalt in einem Pflegeheim lagen die Restkosten bei rund 1.500 € pro Monat. Wir haben also innerhalb von sechs Jahren einen Kostenanstieg von über 100 Prozent.

Es ist damit zu rechnen, dass die Heim- und sonstigen Pflegekosten weiter steigen und damit auch zu einer weiteren Beitrags- erhöhung führen werden.

Nach einer Pressemeldung des Bundesgesundheitsministeriums ist die Zahl der pflegebedürftigen Menschen statt der kalkulierten rund 50.000 Personen im Jahr 2023 um rund 360.000 gestiegen.

Für die Pflegeversicherung bedeutet allein dieser Zuwachs nach meiner Schätzung jährliche Mehrausgaben in Höhe von rund 400 Millionen € bis auf Weiteres.

Die bisherige Entwicklung hat bundesweit zu verschiedenen Initiativen für eine Reform der sozialen Pflegeversicherung mit dem Ziel geführt, die mit einer Pflegebedürftigkeit der Menschen verbundenen finanziellen Belastungen im Heimbereich deutlich zu reduzieren. Es gibt hierzu verschiedene Bestrebungen und Ansätze, die zur Zeit aber noch nicht abgeschlossen sind.

Der Seniorenbeirat der Landeshauptstadt Hannover hat nach Vorbereitung seines Arbeitskreises „Pflege, Prävention und Gesundheit", in dem ich auch vertreten bin, zu der Problematik eine Resolution mit einer Aufforderung an die niedersächsische Landesregierung beschlossen, die in ihrem Koalitionsvertrag festgehaltenen Forderungen nach einem grundlegenden Wechsel in der sozialen Pflegeversicherung mit einer Weiterentwicklung hin zu einer paritätischen Pflegevollversicherung nunmehr in einer Initiative über den Bundesrat umzusetzen.

Die Überschrift der Resolution lautet:

„Pflege in Not – Für eine zukunftssichere Pflegeversicherung auch für spätere Generationen – Die Landesregierung muss handeln!".

Es kann in diesem Zusammenhang ein Verweis auf eine mögliche Beantragung und Inanspruchnahme der Sozialhilfe keine Lösung des Kostenproblems in der Heimpflege sein.

Die hiesige Stadt hat für das Jahr 2023 eine Zunahme der Anträge auf die Kostenübernahme von Heimpflegekosten im Rahmen der Sozialhilfe von rund 50 % festgestellt, und sie geht damit von einer erheblichen Zunahme der von der Stadt zu finanzierenden Sozialhilfeausgaben aus.

Es dürften die Landkreise und kreisfreien Städte als Träger der Sozialhilfe in unserem System der sozialen Sicherung am Ende aber weder für die von der Pflegeversicherung noch für die von den pflegebedürftigen Menschen als Eigenanteil nicht zu tragenden Heimpflegekosten aufzukommen haben.

Auch aus diesem Grund muss es eine Reform der sozialen Pflegeversicherung mit Kostenbeteiligungen der Länder zum Beispiel für den Investitionsaufwand der Pflegeeinrichtungen und höhere Leistungen der Pflegekassen für den Pflegeaufwand geben.

Es will doch niemand wieder in die Zeit vor 1995 zurückfallen, als die Landkreise und kreisfreien Städte über ihre Sozialämter die Kosten der Pflege im Rahmen der Sozialhilfe mit der Hilfeart „Hilfe zur Pflege" überwiegend finanziert hatten.

Diese Hilfeart war zwar eine Pflichtleistung mit einem Rechtsanspruch, jedoch wegen des Nachrangs der Sozialhilfe durch den eigenen Einkommens- und Vermögenseinsatz auch mit familiären Verwerfungen und persönlichen Problemen der Hilfesuchenden verbunden.

Leben in einer Seniorenresidenz und die Kosten

Seniorenresidenzen oder Wohnstifte sind die luxuriöse Form von betreuten Wohnanlagen. Sie gelten als noble Form des Lebens im Alter, und man fühlt sich dort eher in einem Hotel als in einem Altenheim. Sie haben häufig ein entsprechendes Ambiente und ein gehobenes Ausstattungsniveau.

Für diese Art von Einrichtungen werden in der Werbung, auf den Web-Seiten und in den Hochglanzbroschüren zum Beispiel aktive, finanzstarke Anspruchsvolle in nachberuflicher Lebensphase oder auch ältere Menschen mit Fokus auf Lifestyle, Kultur, Unabhängigkeit, Komfort und Service angesprochen.

Das hört sich etwas abgehoben an. Diese Häuser sind dennoch geeignet für alle Menschen, die sich einen bestimmten Service wünschen und diesen auch bezahlen wollen. Wenn man sich im Alter nichts gönnen will, wann dann? Hohe Kosten sind aber bekanntlich nicht immer mit einer hohen Qualität verbunden.

Wenn Sie sich dafür interessieren, sollten Sie nicht nur auf den Namen oder den ersten Eindruck, sondern auch auf das Kleingedruckte achten und hinter die Kulissen blicken.

Damit bin ich schon bei den Kosten. Diese unterscheiden sich naturgemäß sowohl von dem Umfang der jeweiligen Vertrags- oder Basisleistungen und der Zusatz- oder Wahlleistungen als auch nach der Ausstattung mit Wohnungsart, Restaurant, Café, Schwimmbad, Kegelbahn, Fitness- und Gesundheitsraum, Sauna, Kellerraum, Bibliothek, Aufenthalts- und Veranstaltungsraum und andere.

Ich habe Anfang des Jahres 2024 für fünf Häuser hier in der Stadt die durchschnittlichen Kosten für einen ähnlichen Leistungsumfang verglichen. Die Preise lagen dabei zwischen 60 € und 65 € je qm Wohnfläche des Appartements.

Das waren bei einer 60 qm Wohnung knapp 4.000 € im Monat einschließlich eines täglichen Mittagessens für eine Person. Bei einer Wohnfläche von 45 qm hätten 3.000 € gereicht. Zum Teil waren auch noch die Reinigung inbegriffen und die Miete für eine Tiefgarage, aber keine weiteren Wahlleistungen.

In der Tendenz habe ich festgestellt, dass der qm-Preis je Wohnfläche bei größeren Wohnungen günstiger wird.

Es lässt sich zusammenfassend sagen, dass sich im Jahr 2024 die laufenden Kosten für ähnliche Basis- und Wahlleistungen bei den von mir ausgewählten Häusern unterm Strich nicht wesentlich unterschieden.

Möglich ist auch, dass neben dem laufenden Wohnentgelt zusätzlich ein Wohndarlehen an den Einrichtungsträger zu leisten ist. Bei meinem Vergleich war das in einem Fall so.

Hier war ein Darlehen mit 10.000 €, 20.000 € oder 30.000 € fällig, wobei der Zinsertrag mit dem Leistungsentgelt aufgerechnet wird.

Im konkreten Einzelfall sollten Sie für einen Überblick dennoch die Kosten für die Vertragsleistungen und auch für die gewünschten Wahlleistungen ermitteln und vergleichen. Die Wahl- oder Zusatzleistungen können fast jederzeit für bestimmte Zeiträume gewählt oder abgewählt werden. Lassen Sie sich dazu eine spezifizierte Kostenaufstellung mit den Basisleistungen und den von Ihnen gewünschten Wahlleistungen aushändigen. Sie können davon ausgehen, dass alle zusätzlichen Serviceleistungen auch zu vergüten sind, da die Einrichtungen nichts zu verschenken haben.

Es ist auch ratsam, vor einem Vertrag das Angebot zum Probewohnen zu nutzen. Dabei können Sie sich mit den Abläufen im Haus vertraut machen und mit anderen dort bereits lebenden Menschen ins Gespräch kommen und deren Erfahrungen hören.

Wenn es Zweifel zu den Vertragsbedingungen geben sollte, kann zum Beispiel ein Rechtsanwaltsbüro oder eine Geschäftsstelle der Verbraucherberatung weiterhelfen.

Bei einem Pflegebedarf werden entweder externe oder hauseigene ambulante Pflegedienste eingesetzt, so dass ein Verbleib in der Wohnung grundsätzlich möglich ist. Es gibt auch angeschlossene oder hausinterne vollstationäre Pflegebereiche. Die Regelungen im Fall einer Pflegebedürftigkeit sollten Sie daher vorher klären, um einen eventuell erforderlichen Umzug in einem Pflegefall zu vermeiden.

Eine Wohnung und eine Pflege im Ausland

Wenn Sie im Alter die Kosten des Lebensunterhaltes und der Wohnung sowie im Bedarfsfall auch die der Betreuung und Pflege nicht aus dem laufenden Einkommen ohne Rückgriff auf vorhandenes Vermögen oder ohne die Inanspruchnahme von Sozialhilfe oder von Angehörigen nicht aufbringen können oder wollen, wäre ein Umzug ins EU-Ausland eine überlegenswerte Option.

Es gibt vor allem in den Ländern im Osten Europas, wie Polen, Ungarn, Tschechien, Rumänien oder Bulgarien, deutlich geringere Lebenshaltungskosten als hierzulande. Auch die Kosten einer Betreuung und Pflege sind wesentlich geringer.

Daneben können natürlich auch die typischen Urlaubsländer wie Spanien mit den Kanaren oder Portugal oder Kroatien oder Griechenland usw. infrage kommen. Außerdem auch noch außereuropäische Länder wie Thailand, Vietnam, Indonesien, Südafrika und viele andere. Dafür gelten dann aber nicht die EU-Regelungen einschließlich Schweiz, Liechtenstein, Island oder Norwegen.

Ich nehme für ein Beispiel mal die polnische Ostseeküste, die ein beliebtes Urlaubsreiseziel nicht nur der Deutschen ist. Es ist ein Beispiel von vielen und wer sich für ein anderes Land interessieren sollte, findet weitere Informationen unter anderem auf folgenden Web-Seiten:

https://www.bundesamtsozialesicherung.de/de/themen/internationales/pflegeversicherung/

https://www.wohnen-im-alter.de/einrichtung/wohnformen/ausland-pflege

https://www.deutsche-im-ausland.org/absicherung-und-finanzen/sozialversicherung-im-ausland/pflegeversicherung.html

Für ein Pflegeheim an der Ostseeküste in Polen fallen Mitte des Jahres 2024 zum Beispiel für ein Einzelzimmer mit 30 qm 1.200 € monatlich für Unterkunft, Verpflegung und Service sowie je nach Pflegebedarf zum Beispiel 400 € monatlich für die Pflege an.

Zusammen also 1.600 €. Für den Pflegegrad 3 zahlt die deutsche soziale Pflegeversicherung 545 €, so dass in diesem Beispiel monatlich Kosten in Höhe von 1.055 € für die Unterbringung in  einer Pflegeeinrichtung entstehen. Das sind nur etwas mehr als die Hälfte der in Deutschland anfallenden Kosten.

Polnische Ostseeküste

Ähnliches gilt für eine Pflegeeinrichtung in Tschechien. Die bisherige Rente erhalten deutsche Staatsangehörige weiterhin. Beide Länder haben den Vorteil, dass sie direkt an Deutschland grenzen und zum Teil je nach Standort auch besser erreichbar sind als andere Orte in Deutschland.

Das gilt sowohl für die polnische Ostseeküste als auch den Böhmerwald in der Tschechischen Republik.

Zudem soll es vergleichbare Qualitäts-standards in der Pflege geben und im Übrigen ein ähnliches Verständnis von Recht und Ordnung in einem demokratischen Land.

Es gehört zwar auch Bulgarien zur Europäischen Union, jedoch soll es eines der ärmsten Länder in der EU sein mit einer katastrophalen medizinischen Versorgungs-situation.

Man kann hier auch mit einer geringeren Rente ziemlich gut leben. Aber wehe es gibt Probleme mit der Gesundheit.

Viele Staaten sind nicht gerüstet für kranke und pflegebedürftige ältere Menschen.

Das gilt zum Beispiel auch für Thailand, die Philippinen oder andere „Paradiese" mit viel Sonne und Palmen. Es gibt nur solange keine Probleme, wie die Menschen gesund und solvent sind. Darauf auch im Alter zu hoffen, ist nach meiner Einschätzung aber mit Risiken verbunden. Daran denken wohl viele Menschen nicht, wenn sie im Ausland ein besseres Leben suchen.

Auch hier gilt wieder: „Besonders wichtig: Immer an das Alter denken."

Die Anschaffung einer Immobilie in einem anderen Land für das Wohnen im Alter ist ein eigenes komplexes Thema mit vielen möglichen Fallstricken und erfordert eine gründliche sowie sorgfältige Vorbereitung.

Ich kann in meiner Zusammenstellung wegen des Umfanges der zahlreichen Voraussetzungen und Besonderheiten nicht weiter auf diese Möglichkeit eingehen, sondern Ihnen nur empfehlen, sich zunächst ausführlich und mithilfe spezieller Ratgeber von unabhängigen Stellen zu informieren.

Wie ist eine Palliativversorgung möglich?

Abschließend möchte ich in diesem Abschnitt mit den Wohn- und Betreuungsformen im Alter auch auf das Ende des Lebens bei schwerstkranken und sterbenden Menschen eingehen.

Diese Situation erfahren irgendwann alle Menschen, die nicht durch einen Unfall, einen Herzinfarkt oder ein vergleichbares Ereignis ziemlich plötzlich aus dem Leben gerissen werden.

Seit 2015 sieht das Gesetz zur Hospiz- und Palliativversorgung (HPG) vielfältige Maßnahmen zur Verbesserung der medizinischen, pflegerischen, psychologischen und seelsorgerischen Versorgung von Menschen in der letzten Lebensphase vor, wenn keine Aussicht auf Heilung mehr besteht.

Diese Maßnahmen sind zu Hause, im Krankenhaus, im Pflegeheim oder im Hospiz möglich. Die gesetzlichen Krankenkassen und die Pflegekassen sind zur individuellen Beratung und Hilfestellung ihrer Versicherten verpflichtet. Wenden Sie sich im Bedarfsfall also an Ihre Kranken- und Pflegekasse.

Noch ein Hinweis

Es erhalten ältere Menschen und Pflegebedürftige sowie deren Angehörige rund um die Themen Wohnen und Pflege eine unabhängige, neutrale und kostenlose Beratung, die persönlich, telefonisch oder auch online erfolgen kann. Neben den klassischen Pflegethemen gehören auch die Hilfe bei Antrags- und Widerspruchsverfahren und Fragen zur Betreuung und den Vorsorgeverfügungen, wie Patientenverfügung oder Vorsorgevollmacht zum Beratungsumfang.

Diese umfassende Beratung wird wohnortnah durch die häufig bei den Stadt- und Kreisverwaltungen eingerichteten Senioren- und Pflegestützpunkte geleistet.

2.3 Eine Planung für den Betreuungs- und Pflegefall

Eine altersgerechte Wohnung

Zu den Vorbereitungen auf das Alter sollten auch die Überlegungen gehören, wie und wo wir im Alter leben und wie wir mit den altersbedingten Problemen und Einschränkungen umgehen wollen. Es dürfte eine Ausnahme und ein Glücksfall sein, wenn jemand bis zu seinem Tod davon verschont bleibt.

Wir kennen in unserem erweiterten Bekanntenkreis nur eine einzige Person, die jetzt mit über 90 Jahren noch nie ernstlich erkrankt war und auch noch ziemlich mobil ist. Und eine Ausnahme war auch mein Großvater, der trotz einer als Soldat im Ersten Weltkrieg erlittenen Gesichtsverletzung 98 Jahre alt wurde und immer im Haushalt einer seiner beiden Töchter lebte und nur in seinen letzten Wochen betreut werden musste.

Marion und ich haben aber – wie schon erwähnt – viele gegenteilige Beispiele in negativer Hinsicht erlebt.

Wir haben uns auch deshalb darüber verständigt, wie wir uns für den Fall einer Betreuungs- und Pflegebedürftigkeit verhalten und welche Maßnahmen wir gegebenenfalls einleiten und treffen wollen.

Die erste Stufe der Handlungsoptionen für die Altersvorbereitungen haben wir mit dem Wechsel vom Landleben zum Stadtleben bereits hinter uns und dabei auch beachtet, dass wir eine für das Alter und für eine eingeschränkte Mobilität geeignete Wohnung haben. Diese ist barrierefrei und mit Fahrstuhl zu erreichen und mit ausreichend breiten Türen versehen.

 Wir können also für den Fall, dass ein Teil von uns leicht pflegebedürftig ist, die häusliche Pflege und Betreuung in der Wohnung sicherstellen. Das gilt auch für die Situation, falls wir beide leicht pflegebedürftig werden sollten. Bis zu einer gewissen Pflegebedürftigkeit von einem oder von uns beiden können wir also in unserer Wohnung bleiben.

Wir wären dann an der Schwelle zum zweiten Schritt.

Den möglichen Wechsel überlassen wir dabei unserer persönlichen Einschätzung und den jeweiligen Umständen zur gegebenen Zeit.

Wenn Sie die genannten Maßnahmen und Absprachen als eine erste Stufe der Vorbereitungen auf das Alter bereits getroffen haben sollten, ist eine der wichtigsten Voraussetzungen für ein selbstbestimmtes und gutes Leben im Alter bereits erfüllt.

Sie können im Hinblick auf die Versorgung alles Weitere entspannt und gelassen überlegen und zu gegebener Zeit noch rechtzeitig auf Änderungen im Gesundheitszustand reagieren.

Diese eventuellen Anpassungen und Umstellungen fallen dann leichter, wenn Sie sich bereits vorher mit der Möglichkeit einer Betreuungs- oder Pflegebedürftigkeit und den jeweiligen Handlungsoptionen auseinandergesetzt und diese vielleicht auch geplant haben.

Die Pflegebedürftigkeit und ihre Differenzierung

Es wird nach der Gesetzgebung aktuell die Schwere der Pflegebedürftigkeit nach Pflegegraden unterschieden.

Dazu gibt es nach der Gesetzes- und Rechtslage folgende konkrete Einteilung:

Pflegegrad 1

Pflegebedarf: geringe Beeinträchtigung der Selbstständigkeit oder der Fähigkeiten.

Pflegebedürftige des Pflegegrads 1 können sich in der Regel noch gut selbst versorgen und haben nur einen geringen Bedarf an Unterstützung. Geringfügig Hilfsbedürftige werden bei alltäglichen Beeinträchtigungen wie der Hygiene oder hauswirtschaftlichen Versorgungen unterstützt.

Punkte: 12,5 bis unter 27

Pflegegrad 2

Pflegebedarf: erhebliche Beeinträchtigungen der Selbstständigkeit oder der Fähigkeiten.

Mit Pflegegrad 2 haben Versicherte in der Regel Anspruch auf Pflegegeld und eine häusliche Pflege durch Angehörige oder eine Pflegesachleistung durch einen ambulanten Pflegedienst.

Punkte: 27 bis unter 47,5

Pflegegrad 3

Pflegebedarf: schwere Beeinträchtigungen der Selbstständigkeit oder der Fähigkeiten.

Mit anerkanntem Pflegegrad 3 stehen Bedürftigen Leistungen wie Pflegegeld und Pflegesachleistungen aus der Pflegeversicherung zu, um die Pflege im Alltag zu unterstützen. Meist benötigen die pflegebedürftigen Personen mehrmals täglich Unterstützung bei der Selbstversorgung.

Punkte: 47,5 bis unter 70

Pflegegrad 4

Pflegebedarf: schwerste Beeinträchtigungen der Selbstständigkeit oder der Fähigkeiten.

Mit Pflegegrad 4 sind Pflegebedürftige erheblich auf fremde Hilfe angewiesen und erhalten daher bei anerkanntem Pflegegrad entsprechende Leistungen aus der Pflegeversicherung.

Die zu pflegende Person ist häufig durch eine eingeschränkte Mobilität gekennzeichnet und die alltägliche Hilfe muss fast vollständig übernommen werden.

Teilweise sind selbstständiges Essen und Trinken noch möglich.

Personen des Pflegegrads 4 sind meist noch in der Lage, einen Notruf zu bedienen.

Punkte: 70 bis unter 90

Pflegegrad 5

Pflegebedarf: schwerste Beeinträchtigungen der Selbstständigkeit oder der Fähigkeiten mit besonderen Anforderungen an die pflegerische Versorgung.

Pflegebedürftige mit Pflegegrad 5 sind sehr stark auf die Hilfe anderer angewiesen und können daher umfangreich Leistungen aus der Pflegeversicherung in Anspruch nehmen. Die zu pflegende Person ist immobil. Personen des Pflegegrads 5 können oft auch noch den Notruf bedienen.

Punkte: 90 bis 100

(Quelle:)

https://www.aok.de/pk/pflege-im-alltag/pflegegrade/

Unter der genannten Web-Adresse finden sich auch weitere hilfreiche Informationen zum Verfahren und den Leistungen bei einer Pflegebedürftigkeit.

Das gleiche gilt für die Informationen der Stiftung Warentest zum Antragsverfahren und den verschiedenen Leistungen aus der gesetzlichen Pflegeversicherung mit Stand vom Januar 2024 unter der folgenden Web-Adresse:

https://www.test.de/gesetzliche-
pflegeversicherung-5175894-0/

Die Bemessung und der Umfang der Leistungen der sozialen Pflegeversicherung mit ihren unterschiedlichen Hilfearten und -formen richten sich vor allem nach dem jeweiligen Pflegegrad.

Die Einstufung und Festlegung des jeweiligen Pflegegrades sind also von besonderer Bedeutung. Wenn Sie mit der Entscheidung der Pflegekasse nicht einverstanden sein sollten, können Sie ohne weitere Kosten Widerspruch einlegen. Dazu gibt es weitere Infos bei der Verbraucherzentrale unter

https://www.verbraucherzentrale.de/wissen
/gesundheit-pflege/pflegeantrag-und-
leistungen/
pflegegrad-abgelehnt-so-wehren-sie-sich-mit-
widerspruch-und-klage-11547

oder auch abgekürzt (verbunden mit einer kurzen Suche auf der Homepage):
https://www.verbraucherzentrale.de/wissen
/gesundheit-pflege/

Die Handlungsoptionen

Zu den Handlungsoptionen, wenn die Betreuung und Pflege in der bisherigen Wohnung aus welchen Gründen auch immer nicht mehr sichergestellt werden soll oder kann, bieten sich je nach Umfang des Pflegebedarfs verschiedene Möglichkeiten an, von denen Beispiele im vorherigen Abschnitt 2.2 dieses Kapitels erwähnt sind.

Es kann aber auch sein, dass angesichts eines leichten Betreuungsbedarfs überlegt wird, nicht erst in eine altengerechte Wohnung, sondern gleich in eine Einrichtung des Betreuten Wohnens oder in ein Wohnprojekt oder eine Seniorenresidenz umzuziehen. Es ist bei diesen Möglichkeiten fast immer bei einer Pflegebedürftigkeit der Verbleib in den Einrichtungen sichergestellt.

Wir haben es bei unseren Planungsüberlegungen für wichtig gehalten, uns zunächst über die Möglichkeiten und Handlungsoptionen für den Fall der Betreuung und Pflege zu informieren und uns damit auseinanderzusetzen und dann für uns zu entscheiden, welche Wohn- und Betreuungsformen für uns infrage kommen.

Unsere vorläufigen Entscheidungen – der zweite und der letzte Schritt

Nach dem ersten Schritt mit dem Umzug in eine altengerechte Wohnung mit einer 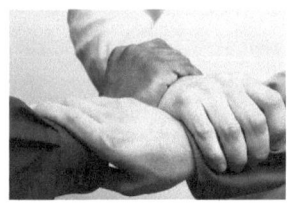 zentralen Lage in eine große Stadt haben wir für uns entschieden, so lange in dieser Wohnung zu bleiben, bis es einen Pflege-bedarf gibt und zum Beispiel das Fahren mit dem Auto aus gesundheitlichen Gründen nicht mehr möglich ist.

Wenn das so sein sollte, würden wir in eine Einrichtung des Betreuten Wohnens ziehen, weil wir dort auch bei einem Pflegebedarf, für den ein interner oder externer ambulanter Pflegedienst eingesetzt wird, bleiben könnten.

Wir möchten möglichst weitere Umzüge vermeiden. Außerdem wären wir im Betreuten Wohnen nicht allein, sondern zusammen mit anderen Menschen in einer ähnlichen Situation. Wir hätten die Möglichkeiten, uns am Gemeinschaftsleben zu beteiligen, neue Kontakte zu knüpfen, Unterhaltungsangebote zu nutzen oder im Bedarfsfall Service-leistungen abzurufen.

In einem Betreuten Wohnen gäbe es für uns zudem ein besseres Sicherheitsgefühl als allein in einer normalen Wohnung.

Wir achten bei der Auswahl eines für uns geeigneten Angebotes des Betreuten Wohnens auch auf eine mögliche Rund-um-die-Uhr-Betreuung bei einem höheren Pflegebedarf.

Ein umfassender Pflegebedarf kann allein durch einen ambulanten Pflegedienst nicht geleistet werden, so dass ein erneuter Umzug oder Wohnungswechsel erforderlich wäre.

Es gibt hier in der Stadt von den zahlreichen gewerblichen, gemeinnützigen und kommunalen Anbietern des Betreuten Wohnens einige Einrichtungen, die ein Komplettangebot vorhalten.

Es besteht in diesen Fällen sowohl die Möglichkeit des (noch ziemlich eigenständigen) Betreuten Wohnens als auch der vollstationären Pflege oder auch einer Hausgemeinschaft oder auch einer Betreuung bei einer demenziellen Erkrankung.

Es können in derselben Einrichtung also alle Arten einer Betreuung und eines möglichen Pflegebedarfs sichergestellt werden.

Für uns beide ist das besonderes wichtig, da wir auch für das Risiko eines besonders schweren Pflegefalles bei einem weiteren Zusammenleben vorgesorgt haben wollen.

Wir möchten vermeiden, dass wir am Ende unseres Lebens getrennt voneinander an unterschiedlichen Orten leben. Wenn wir nicht zusammen in einem Zimmer oder einer Wohnung wegen eines besonders umfassenden Pflegebedarfs von Marion oder mir leben können, so zumindest im selben Gebäude oder in derselben Einrichtung.

Ich habe in dieser Hinsicht bereits mehrere Einrichtungen gefunden, die sowohl das Betreute Wohnen anbieten als auch die verschiedenen Stufen von einer leichten bis zur schwersten Pflegebedürftigkeit abdecken. Eine davon finde ich besonders passend. Wir werden diese nach und nach in der nächsten Zeit aufsuchen, uns informieren und uns einen Gesamteindruck verschaffen.

Danach werden wir entscheiden, welche Einrichtung für uns infrage kommt, um dann die weiteren Einzelheiten für das Aufnahmeprocedere mit der Einrichtungsleitung zum eventuellen Zeitpunkt abzustimmen.

Ich fasse unsere Voraussetzungen für das Betreute Wohnen in einer Checkliste wie folgt zusammen:

- Lage der Einrichtung ziemlich zentral,
- Pflege umfassend möglich,
- Wohnung barrierefrei mit einem üblichen Standard,
- Anlaufstelle erreichbar rund um die Uhr,
- Service- und Unterhaltungsangebote ausreichend,
- Ausstattung des Hauses funktional,
- Vermittlungs- und Servicehilfen,
- Wahlleistungen frei verfügbar,
- Kosten angemessen.

Sollten Sie sich für das Betreute Wohnen interessieren, gibt es zum Beispiel bei der Bundesarbeitsgemeinschaft der Senioren-organisationen e.V. kostenlos Informationen mit einer umfassenden Checkliste.

https://www.bagso.de/publikationen/checkliste/betreutes-wohnen/.

Was wir ausgeschlossen haben

Wir haben mit unseren vorgesehenen Entscheidungen die Betreuung und Pflege durch einen ambulanten Pflegedienst in der eigenen Wohnung ausgeschlossen.

Obwohl diese in unserer Wohnung möglich wäre, wollen wir wegen der für uns gesehenen Vorteile des Betreuten Wohnens darauf verzichten. Es würde auch Marion oder mich in einem gewissen Umfang entlasten, wenn wir zusammen im Betreuten Wohnen wären statt weiterhin allein in der bisherigen Wohnung.

Das Betreute Wohnen wird von der Stiftung Warentest auch für den Fall empfohlen, wenn bei einem Paar ein Teil viel Unterstützung und der andere Teil nur wenig oder keine Hilfe benötigen sollte.

Die Möglichkeit der Betreuung in einer Seniorenresidenz kommt für uns nur nachrangig infrage.

Wir sind nicht unbedingt bereit, die vielen Unterhaltungs- und Serviceangebote, das vornehme Ambiente und den Rahmen sowie den hotelähnlichen Charakter, eine bevorzugte Lage und die gehobene Ausstattung mit zu finanzieren.

Auch stören wir uns an einigen Kosten in solchen Einrichtungen, wie zum Beispiel für ein Mittagsessen, für das je Person monatlich zwischen 200 € bis 400 € berechnet werden.

In der Werbung ist häufig von einem „exklusiven Service-Wohnen" die Rede. Wer sich im Alter etwas gönnen will und das auch bezahlen kann, warum nicht. Marion und ich haben bisher nicht exklusiv gewohnt, und wollen das im Alter auch nicht.

Es ist für uns nicht erstrebenswert, zumal ähnliche Angebote in einer ähnlichen Qualität, wie zum Beispiel das Betreute Wohnen mit einer möglichen Pflege, zu wesentlich geringeren Kosten zu finden sind.

Und wenn wer von uns vorher stirbt ?

Mit unserer Entscheidung für das Betreute Wohnen plus Pflege haben wir zudem eine Möglichkeit gefunden, auch gemeinsam in einer Einrichtung leben zu können, wenn ein Teil leicht bis schwerst pflegebedürftig werden sollte. Wenn Marion oder ich zuerst sterben sollte, könnte der verbleibende Teil in der Einrichtung und gewohnten Umgebung bleiben.

Es ist aber nicht ausgeschlossen, dass sich Marion als Längerlebende von uns dann entschließt, ihren Lebensabend in ihrer Heimatgemeinde zu verbringen. Das hängt nach ihren Worten vor allem davon ab, ob sie sich hier in der Einrichtung eingelebt haben sollte oder nicht.

Es kann auch sein, dass ich schon sterben sollte, während wir in unserer aktuellen Wohnung und noch nicht im Betreuten Wohnen leben. Dann hat Marion für sich eine zu große Wohnung und müsste sich eine andere Wohnung mit einer passenden Größe suchen und dabei auch entscheiden, ob das hier in der Stadt passiert oder in ihrer alten Heimatgemeinde. Auch diese Frage kann sie heute noch nicht abschließend beantworten. Wenn sie sich heute und jetzt aber entscheiden müsste, fiele die Wahl auf ihre Heimatgemeinde.

Ausblick

Was das Leben für uns an Ereignissen und Überraschungen noch bringen mag, wir haben zumindest für bestimmte Situationen in einem begrenzten Rahmen durch unsere Absprachen und Regelungen jeweils passende Maßnahmen und Aktionen vorgesehen.

Wir wissen, dass man das Leben nicht bis ins letzte Detail planen kann.

Gleichwohl sehen wir angesichts unserer Regelungen für bestimmte Fälle den noch kommenden Jahren gelassen entgegen.

Wir sind jedenfalls nicht blauäugig und stecken den Kopf auch nicht in den Sand, sondern haben uns mit den möglichen Problemen des Alters ausgiebig beschäftigt. Alles Weitere liegt zunächst nicht in unserer Hand. Wir hoffen, dass es ein gutes Ende geben wird.

Kapitel 3 – Finanzen und Recht

3.1 Die Altersvorsorge – Nie zu früh und selten zu spät

Einige Weisheiten vorweg

Zum Beispiel:

„Nichts ist so wichtig wie die richtige Lebens- und Altersplanung, um ein erfülltes und glückliches Leben zu führen", von John C. Maxwell einem US-amerikanischen Buchautor.

„Je früher man anfängt, sein Alter zu planen, desto mehr Möglichkeiten hat man, seine Träume zu verwirklichen", Diane Keaton, Schauspielerin und Filmproduzentin.

„An später denken: So wichtig !", aktuelle Werbeaussage einer deutschen Versicherungs-AG.

Und das sagt die Künstliche Intelligenz (KI) zum Thema „Altersplanung" mit einem Beispiel aus ChatGPT (Antwort vom 27.11.2024):

„Eine altersbezogene Lebensplanung ist eine wichtige Vorgehensweise, um sich auf verschiedene Lebensumstände im Alter vorzubereiten. Sie kann dabei helfen, einen reibungslosen Übergang in den Ruhestand zu gewährleisten und die Lebensqualität im Alter zu sichern. Wenn das Leben im Alter nicht richtig geplant wird, können verschiedene Herausforderungen und Probleme auftreten."

Die Vorgehensweise

Sie finden bei der Suche nach Informationen und Empfehlungen zur finanziellen Altersvorsorge zahlreiche Ratgeber mit Tipps und Hinweisen, die auch mehr oder weniger seriös sein können.

Aus meiner eigenen Erfahrung kann ich Ihnen in erster Linie folgende neutrale und unabhängige Web-Adressen empfehlen:

https://www.test.de/Altersvorsorge-im-Ueberblick-Rente-Betriebsrente-Lebensversicherung-5946176-0/

https://www.finanztip.de/altersvorsorge/

https://www.verbraucherzentrale.de/wissen
/geld-versicherungen/altersvorsorge

Diese bieten zum Teil auch weiterführende Informationen in Buchform an. Die genannten Web-Adressen sind nur eine kleine Auswahl ohne Anspruch auf Vollständigkeit.

Bei Sparkassen, Banken, Versicherungen, Finanzagenturen oder ähnlichen Anbietern rate ich zur Vorsicht, da diese häufig interessengeleitet sind.

Bei Vergleichsportalen sollte beachtet werden, dass diese meist nur die Anbieter erfassen, die ihre Bedingungen akzeptieren. Zudem enthalten sie versteckte Werbung und arbeiten auf Provisionsbasis. Die Verbraucherzentrale hält die Vergleichsportale für nicht uneigennützig und teilweise auch für nicht neutral.

Den meisten erwerbstätigen Menschen dürfte bekannt sein, dass die gesetzliche Rente beim Eintritt in den Ruhestand geringer sein wird, als das letzte reguläre Nettoeinkommen. Inwieweit diese Einkommenslücke auch eine monetäre Versorgungslücke bedeutet, hängt von den jeweiligen persönlichen Verhältnissen ab.

Wenn keine weiteren Einkünfte und kein Vermögen zur Deckung der Einkommens-differenz beim Rentenbeginn vorhanden sein sollten, müssten rechtzeitig vorher Maß-nahmen zum Ausgleich der Versorgungs-lücke eingeleitet werden, um spätere finanzielle Probleme zu vermeiden.

Das bedeutet, möglichst schon im jüngeren Berufsalter einen Blick in die Zukunft zu werfen und unter Berücksichtigung der jeweiligen Lebensplanung abzuschätzen, wie hoch die Einkommensdifferenz beim Renten-eintritt sein könnte.

Es lässt sich beim Blick in die Zukunft nicht vermeiden, dass Annahmen und Wahr-scheinlichkeiten für die Berechnung des Einkommensfehlbetrages im Alter unterstellt werden. Eine Rechnung mit Unbekannten ist aber immer noch besser als gar keine Rechnung.

Ein einfaches Beispiel:

Jahr 2024:

Ehepaar 35 Jahre alt, 1 Kind 10 Jahre alt.
Haushaltsnettoeinkommen monatlich 3.600 €
- Haushaltsausgaben monatlich 3.100 €

Jahr 2056:

Ehepaar 67 Jahre alt, 1 Kind außer Haus,
Haushaltsnettoeinkommen geschätzt (lt.
Rentenauskunft) monatlich 4.400 € -
Haushaltsausgaben monatlich 5.200 €
(ohne Kind, Inflationsrate 2%)

In diesem sehr vereinfacht dargestellten
Beispiel besteht eine Einkommenslücke in
Höhe von monatlich 800 €. Diese kann das
Ehepaar nun auf verschiedene Art und Weise
auffangen. Es könnte die Ausgaben später
einschränken oder die Einnahmen durch
angespartes Vermögen erhöhen.

Im letzteren Fall müsste der monatliche
Fehlbetrag auf die zu erwartende Lebenszeit
hochgerechnet werden.

Wenn ein Lebensalter für beide von 88
Jahren unterstellt wird, liegt der erforderliche
Bedarfsbetrag bei rund 200.000 €.

Es können aber auch die monatlichen Sparraten jeweils entsprechend erhöht werden.

Wenn ich zum Beispiel in 32 Jahren ein Guthaben in Höhe von 150.000 € zur Verfügung haben möchte, müsste ich ab heute monatlich 160 € bei einer angenommenen Rendite von 5 Prozent pro Jahr einzahlen. Das angestrebte Guthaben könnte auch noch für eine Sicherheitsreserve erhöht werden.

Für welches Finanzierungsmodell Sie sich entscheiden, hängt vor allem von Ihrem persönlichen Risikoprofil ab. Ich empfehle, auf Renditeversprechen in Werbeanzeigen nicht blind zu vertrauen.

Das Wort „versprechen" kann eben zweideutig verstanden werden. „Ich habe dir versprochen" oder „Ich habe mich versprochen" oder das war ein „Versprecher".

Diese Überlegungen und -entscheidungen zur Vorsorge können im konkreten Einzelfall sehr komplex, aufwendig und vielfältig sein.

Daher ist eine sorgfältige und umfassende Planung und Vorbereitung erforderlich, um im Rentenalter unerwartete und unangenehme Ergebnisse und Situationen zu vermeiden.

Eine Empfehlung (nicht nur) für Frauen

Ich möchte zunächst auf die finanzielle Altersvorsorge für Frauen eingehen. Diese sollte nicht vernachlässigt werden, da viele Frauen durch Geburten und Erziehungszeiten sowie berufliche Pausen und Auszeiten in ihrer finanziellen Situation benachteiligt werden.

Und auch eine Ehe oder eingetragene Lebenspartnerschaft kann geschieden bzw. aufgehoben werden. Das ist bei mehr als jedem dritten Paar der Fall. Was ist dann mit der Hälfte, die aus bestimmten Gründen auf eine Erwerbstätigkeit verzichtet oder sich in einem gemeinsamen Unternehmen beteiligt hat oder gemeinsame Kinder weiter betreut?

Es ist daher wichtig, dass sich Frauen, auch wenn sie sich in einer Partnerschaft befinden, umfassend mit ihrer finanziellen Altersvorsorge befassen und diese regeln.

Dazu können auch unabhängige Beratungs-stellen oder Informationsdienste eingeschaltet werden. Beispiele dafür sind:

- Verbraucherzentralen,
- Rentenberatung der Deutschen Rentenversicherung,
- Stiftung Warentest,
- Finanztip Stiftung,
- Beratungsdienste der Wohlfahrtsverbände,
- Bundesanstalt für Finanzdienstleistungsaufsicht (BaFin)
- und spezialisierte Online-Plattformen.

Ich empfehle eine Planung und Regelung vor allem zu folgenden Themen:

- Rentenansprüche auch wegen Elternzeit und Mütterrente,

- zusätzliche Altersvorsorge,

- Absicherung durch eine partnerschaftliche Vereinbarung,

- berufliche Weiterentwicklung,

- mögliche Sozialleistungsansprüche.

Auch zu diesem Thema gilt:

> „Immer an das Alter denken" und
>
> „Heute schon für morgen planen".

Ein Familienbeispiel

Ich möchte zum Vergleich und als Beispiel die Entwicklung zur Vorsorgeplanung einer der beiden Söhne erwähnen.

Dieser hat sich im Alter von 32 Jahren bereits für seine Rentenhöhe im Alter interessiert. Der Anlass war wohl eine von der Rentenversicherung zugesandte persönliche Renteninformation mit einer Hochrechnung der Rente nach den bisherigen und den zu erwartenden Beitragszahlungen. Über die Höhe der hochgerechneten Rentenzahlungs-beträge war er ziemlich enttäuscht.

Wir haben abgesprochen, zunächst als Vorstufe die steuerbegünstigten Möglich-keiten der Direktversicherung zu nutzen. Bei einer Direktversicherung wird – vereinfacht gesagt – eine Lebens- oder Rentenver-sicherung über den Arbeitgeber abge-schlossen und zum Rentenbeginn als eine Art Betriebsrente ausgezahlt.

Die eingezahlten Beiträge vom Bruttoeinkommen sind bis zu einer bestimmten Höhe steuer- und sozialabgabenfrei. Das hörte sich für uns zunächst empfehlenswert an.

Mit den damit verbundenen Voraussetzungen und den Nachteilen haben wir uns leider erst später beschäftigt.

Es wurde dem Sohn nach etwa drei Jahren unabhängig davon seine Mietwohnung von der Wohnungsgesellschaft zum Kauf angeboten.

Ich habe ihm geraten, diese Möglichkeit ernsthaft zu überlegen und ein gewisses Finanzierungsrisiko einzugehen. Er hat das Angebot angenommen und seine Mietwohnung als Eigentumswohnung übernommen.

Seine Finanzierung haben wir Eltern mit einer Grundschuldeintragung auf unser Hausgrundstück zugunsten der Sparkasse abgesichert.

Die Eigentumswohnung des Sohnes hat heute mindestens einen Wert in Höhe des doppelten Kaufpreises einschließlich der zusätzlichen Umbau- und Sanierungskosten nach dem Kauf.

Nach etwa weiteren drei Jahren habe ich ihm empfohlen, die Direktversicherung zu beenden, da sich sein damaliger Arbeitgeber, eine kleinere Werbeagentur, nicht an den Beiträgen für die Versicherung beteiligen wollte.

Obwohl dieser durch die geringeren Arbeit- geber-Anteile für die Lohnsteuer und die Sozialabgaben tatsächliche finanzielle Vorteile hatte.

Die betriebliche Altersvorsorge mit einer Direktversicherung lohnt sich nur, wenn der Arbeitgeber mindestens einen Anteil von 20 Prozent der Beiträge übernimmt.

Ansonsten rentiert sich diese Art der Altersvorsorge erst nach vielen Jahren wenn man ein hohes Alter erreicht hat.

Das ist nun keine gute Empfehlung für diese Anlageform.

Seit dem Jahr 2022 müssen die Arbeitgeber aber einem bestimmten Anteil an der Gehaltsumwandlung für die betriebliche Altersvorsorge leisten. Diese Regelung kam für den Sohn leider zu spät.

Die beantragte Auszahlung des Rückkauf-wertes wurde von der Versicherungs-gesellschaft bewilligt und ausgeführt, so dass zumindest ein gewisses Anfangskapital für eine andere Art der Altersvorsorge eingesetzt werden konnte.

Für die neue Vermögensbildung orientierte ich mich an den Hinweisen der Stiftung Warentest und des Geld-Ratgebers Finanztip von der gemeinnützigen Finanztip-Stiftung.

Danach habe ich mit meinem Sohn abgesprochen, dass er das Anfangskapital in einen weltweit anlegenden ETF investiert und mit monatlichen Einzahlungen in zwei andere ETFs in den kommenden Jahren weiteres Vermögen bildet.

Ein „ETF" ist ein börsengehandelter Investmentfonds, der einen bestimmten Aktien- oder Rentenindex nachbildet und der nicht aktiv gemanagt wird. Ein solcher ist daher erheblich günstiger als ein Fonds mit einem aktiven Fondsmanagement.

Und: Mit einem ETF können Sie mit nur einem einzigen Wertpapier kostengünstig in ganze Märkte investieren. Mehr dazu – auch zu den Nachteilen von ETFs - im nächsten Kapitel 3.2.

Es hat sich bis heute diese Form der Geldanlage und Vermögensbildung für meinen Sohn als sehr rentabel erwiesen. In den sieben Jahren von 2017 bis zum Ende des Jahres 2024 ist eine durchschnittliche Jahresrendite in Höhe von rund elf Prozent erzielt worden.

Und das bei weltweit bewegenden Ereignissen wie die Corona-Pandemie, der Krieg in der Ukraine oder der Nahost-Konflikt.

Es gibt allerdings keine Garantie, dass die bisher erzielten Renditen im Durchschnitt auch bis zum Rentenbeginn so bleiben.

Das ist nach einem Vergleich mit den letzten 40 Jahren aber eher wahrscheinlich als nur eine minimale Rendite oder ein Teilverlust oder gar ein vollständiger Verlust der gesamten Geldanlage.

Der Deutsche Aktienindex (DAX) hat zum Beispiel seit dem Jahr 1978 bis zum Jahr 2018 eine durchschnittliche jährliche Rendite in Höhe von 8,5 Prozent erzielt.

Wenn jemand bei diesem Beispiel ab 1978 monatlich umgerechnet 100 € in einen ETF-DAX angelegt hätte, waren daraus bis 2018 rund 370.000 € geworden.

Unter Berücksichtigung der Gebühren für die laufenden Sparraten blieben immer noch mindestens 365.000 €. Bei monatlich 270 € hätte es für 1.000.000 € gereicht.

Ein wichtiger Hinweis

Eine Aussage zur Vermögensbildung gilt immer:

Je früher, je besser !

Das zeigt auch deutlich das vorherige Beispiel. Wenn ab 1978 nur 30 statt 40 Jahre lang 100 € monatlich eingezahlt wurden, waren es am Ende statt 370.000 € „nur" rund 155.000 €.

Die Dauer und die Höhe der Einzahlungen beeinflussen wesentlich die Höhe des zum Rentenbeginn verfügbaren Vermögens. Das gilt unabhängig von der Art und Form der Anlageentscheidung.

Eine Übersicht zur Dauer, Höhe und Bruttorendite von Einzahlungen:

Einzahlung monatlich 100 €

Dauer	Zinssatz / Rendite				
	1 %	3 %	5 %	7 %	9 %
10	12.600	14.000	15.500	17.200	19.100
20	26.600	32.800	40.700	51.000	64.400
30	41.200	58.000	81.900	117.600	171.500
40	59.000	91.900	149.000	248.600	425.200

Beträge in EUR gerundet

Die obigen Beträge können vereinfacht für die Umrechnung anderer Sparraten mit dem jeweiligen Multiplikator genommen werden. Zum Beispiel ergibt eine monatliche Einzahlung mit 300 € bei einer Rendite von 3 Prozent und einer Dauer von 10 Jahren einen Wert von 42.000 € (14.000 x 3).

Es ist auch möglich, jederzeit die Einzahlungshöhe zum Beispiel bei geänderten wirtschaftlichen Verhältnissen anzupassen.

Es handelt sich vorstehend um Bruttowerte, bei denen je nach Anlageform mit Abschlägen durch Steuern, Nebenkosten, Gebühren, Provisionen etc. gerechnet werden muss.

Und wenn nicht

Wenn jemand meint, es sei nicht sicher, ob das Rentenalter erreicht werde und es nicht lohne, sich schon in frühen Jahren für die Altersvorsorge einzuschränken und es besser sei, jetzt zu leben und Spaß zu haben, statt später vielleicht irgendwann im Alter, ist das eine mögliche persönliche Einstellung.

Ich halte ein solches Verhalten aber gesamtgesellschaftlich für problematisch, da es darauf hinausläuft, spätestens im Rentenalter von den Leistungen unseres Sozialstaates und damit von der Allgemeinheit abhängig zu sein.

Das gilt vor allem für die Sozialhilfe und hier für die Grundsicherung im Alter oder für die Hilfe zur Pflege mit der Übernahme von Pflegeheimkosten.

Es ist aber das gute Recht, denn die meisten Sozialleistungen werden ohne Grund für deren Ursache gewährt.

Das gilt auch für die Grundsicherung im Alter nach dem Sozialgesetzbuch Zwölftes Buch (SGB XII).

Es ist zwar bei einem schuldhaften Verhalten für die Hilfegewährung ein Kostenersatz an das Sozialamt vorgesehen, jedoch dürfte zweifelhaft sein, ob das jeweilige und vielleicht schon viele Jahre zurückliegende Verhalten als vorsätzlich oder grob fahrlässig vom Sozialamt nachgewiesen werden kann.

Wenn eine Person sich allerdings um ihre eigene finanzielle Altersvorsorge kümmert und dann im Alter und vielleicht auch bei einer Pflegebedürftigkeit feststellen muss, dass die Rente und die Erlöse aus der Altersvorsorge einschließlich der Leistungen der sozialen Pflegeversicherung nicht zur Deckung von Heimpflegekosten reichen, ist der Ärger und das Unverständnis über die in früheren Jahren aus Eigenmitteln geleisteten Vorsorgebeiträge, von denen nunmehr die Heimbetreiber und das Sozialamt profitieren können, durchaus nachvollziehbar.

Die Heimpflegekosten haben – wie schon erwähnt - im Jahr 2024 eine Höhe erreicht, die mit einem Einkommen in Höhe der sogenannten Standardrente nicht mehr bezahlt werden können.

Unter der Standardrente wird die Rente als ein fiktives Rentenbeispiel verstanden, in dem eine Person 45 Jahre lang immer Renten-

beiträge auf das rentenrechtliche Durchschnittseinkommen geleistet hat. Für das Jahr 2024 liegt das durchschnittliche Bruttoarbeitsentgelt vorläufig bei 45.368 €.

Für ein Rentenjahr gibt es für ein Durchschnittseinkommen jeweils einen vollen Entgeltpunkt. Für 45 Jahre also 45 Entgeltpunkte (EP).

Mit der Zahl der Entgeltpunkte wird der aktuelle Rentenwert multipliziert. Ab dem 1.7.2024 ist der aktuelle Rentenwert auf 39,32 € festgesetzt worden. Somit errechnet sich aktuell für die Standardrente ein Betrag in Höhe von brutto 1.769,40 € (45 EP x 39,32 RW).

Auf das Renteneinkommen sind noch Sozialabgaben zu entrichten.

Für die Krankenversicherung aktuell 7,3% und für die Pflegeversicherung 3,05% (soweit nicht kinderlos).

Die Standardrente ab dem 1.7.2024 beträgt danach rund 1.586 € vor Steuern, die auch noch anfallen können.

Es lässt sich damit festhalten, dass heute mit einer Durchschnitts- oder Standardrente ohne nennenswertes Vermögen in einem möglichen Bedarfsfall niemand die Heimpflegekosten selbst aufbringen kann. Es wird allerdings nicht jeder Mensch im Alter einen Pflegebedarf haben, der nur in einem Altenpflegeheim gedeckt werden kann.

Die finanzielle Vorsorge für das Alter bleibt dennoch eine eigene wichtige Aufgabe. Dabei sollte auch ein Betreuungs- und Pflegebedarf mit den dafür eventuell anfallenden Kosten angemessen berücksichtigt werden.

Wer im höheren Alter dann aber immer noch fit ist und das wahrscheinlich auch bleiben wird, kann das zum Beispiel für einen Pflegebedarf angesparte Vermögen durchaus noch für andere Zwecke, wie für traumhafte Kreuzfahrten und Schiffsreisen oder Ähnliches verwenden oder den Erben überlassen.

Ich erinnere mich dabei wieder an den Spruch: „Reise vor dem Sterben, sonst reisen deine Erben."

3. 2 Eine ziemlich sichere finanzielle Vorsorge

Die Möglichkeiten ?

Diese sind zahlreich und komplex und daher gehe ich nicht weiter ein auf die Vor- und Nachteile der verschiedenen Möglichkeiten, wie Sparbücher und Sparpläne, Tages- und Festgeldkonten, Renten- und Investmentfonds, Anleihen und Versicherungen, Gold- und Immobilienanlagen usw.

Das ist ein umfassendes Thema, zu dem ich auf die verschiedenen Geld-Ratgeber, die unabhängig und neutral sein sollten, verweise.

Ich kann aus meiner Sicht für Einsteiger und auch Fortgeschrittene die von der Stiftung Warentest und Finanztest veröffentlichten Heftartikel und Bücher empfehlen, die auch auf deren Homepage zu finden sind:

https://www.test.de/thema/geldanlage/

Voraussetzungen für eine Geldanlage

Bei einer Geldanlage als Vorsorge für das Alter sollten vor allem folgende Voraussetzungen beachtet werden:

- Planung mit Zielsetzung über Höhe des Kapitalbedarfs im Alter, die Laufzeit, die Einzahlungen und die Zusammensetzung mit den Anteilen der Anlagearten.

- Anlage langfristig ohne häufiges Umschichten und Neuordnen zur Vermeidung von zusätzlichen Kosten und einen Anbieter mit niedrigen Handelsgebühren ohne versteckte Kosten auswählen.

- Risikobereitschaft festlegen und vor Erreichen des Anlageziels die sicheren Anteile (z.B. Tages- oder Festgeld) erhöhen.

- Flexibilität der Anlage beachten, um auf persönliche und finanzielle Anforderungen reagieren oder die Zusammensetzung bei Kapital-marktveränderungen anpassen zu können.

- Es sollten einmalige Zahlungen sowie Erhöhungen oder Reduzierungen der laufenden Einzahlungen möglich sein.

- Ausgaben zusätzlicher Art vermeiden, wie Provisionen für Abschlüsse, Depotgebühren oder Verwaltungskosten. Gegebenenfalls schriftlich aushändigen lassen und Kosten mit anderen Anbietern vergleichen.

- Kosten der Depotverwaltung und der Anlagearten beobachten, um Einsparmöglichkeiten nutzen zu können.

Es wird altersgerechter Wohnraum auch als Geldanlage zum Kauf als Eigentumswohnung oder Appartement kombiniert mit einem Betreuten Wohnen oder in einer Pflegeeinrichtung angeboten. Ob ein Immobilienkauf im oder für das Alter wegen der damit einhergehenden Bindungen und Belastungen eine gute Idee ist, möchte ich bezweifeln.

Nach Auffassung der Stiftung Warentest seien die Renditen oft zu optimistisch kalkuliert, der Verkauf der Wohnungen oder Appartements schwieriger als gewöhnlich und die Anschaffung mit hohen Instandhaltungs- und Modernisierungskosten verbunden.

https://www.test.de/Pflegeapartments-als-Geldanlage-Wie-riskant-ist-der-Kauf-einer-Pflegeimmobilie-5562373-0/

Die aktuelle Bundesregierung plant für den Januar 2026 die Einführung eines privaten Altersvorsorge-Depots. Das Modell soll die vom Staat geförderte private Altersvorsorge mit Aktien und Fonds auch im eigenen Depot ermöglichen. Die Förderung soll höher sein als bisher für die Riester-Rente. Es ist noch nichts beschlossen, und es ist daher fraglich, ob es wirklich dazu kommt.

Das wird von den Wahlergebnissen der im Februar 2025 stattgefundenen Bundestags-wahl und der dann neu gebildeten Bundes-regierung abhängen.

Und wie ist es mit der Sicherheit ?

Nach meiner Auffassung gibt es keine hundertprozentig sichere Kapitalanlage. Es kann heute niemand sagen, wie hoch die Zinsen in 20 oder 40 Jahren sind oder wie der Wert von Immobilien oder von Gold oder wie hoch der Inflationsverlust ist oder ob Minuszinsen berechnet werden oder wie die allgemeine Weltwirtschaftslage aussieht oder ob irgendwann alles kaputt ist.

Ich sehe allerdings eine bestimmte stabile Sicherheit für das gesamte Weltgefüge. Es

hängt heute fast alles mit allem zusammen. Das bedeutet eine gewisse Abhängigkeit von jedem mit vielen. Das hat zwar auch Grenzen, jedoch dürfte kein Staat der Welt daran interessiert sein, sich selbst unwiederbringlich zu zerstören.

Es ist dennoch möglich, durch bestimmte Anlageentscheidungen einen Totalverlust zu erleiden. Beispiele dafür gibt es genug. Ich denke an die ehemals im DAX gelistete Wirecard AG, die Fluggesellschaft Air Berlin, den Reiseveranstalter Thomas Cook oder an die frühere dauerinsolvente Kaufhauskette Galeria Karstadt Kaufhof.

Bei der Planung und den Basisentscheidungen sollten unter Sicherheitsaspekten bestimmte Anlageformen unbedingt vermieden werden. Zunächst sollte vor allem keinen Versprechen - von wem auch immer - mit hohen Renditen getraut werden. Unabhängig davon gehören zu den risikoreichen Anlagen folgende Beispiele:

- Anleihen mit einem hohen Ausfallrisiko können zum Verlust des eingesetzten Kapitals führen.

- Investitionen in Kryptowährungen sind ebenfalls risikoreich und verlaufen sehr volatil.

- Handeln mit Derivaten ist sehr komplex und auch riskant. Das ist nur für Experten geeignet.

- Geldanlage in Einzelaktien ist auch sehr riskant. Der Wert einer einzelnen Aktie kann sehr stark schwanken und dauerhaft mit erheblichen Verlusten verbunden sein.

Wenn allerdings bestimmte Verluste nicht problematisch sein sollten, könnten Sie durchaus spekulativ zum Beispiel in Einzelaktien investieren. Hierzu gibt es aus der Vergangenheit sowohl viele negative als auch viele positive Beispiele.

Als negativer Fall dient die Aktienplatzierung der Deutschen Telekom AG im Jahr 2000 als nach zwei vorherigen Tranchen in 1996 und 1999 der Ausgabepreis auf 66,50 € festgelegt wurde.

Dann begann bald der Absturz. Der Kurs liegt Ende des Jahres 2024 bei knapp 30 € und zwischen 2009 und 2014 waren es weniger als 10 €. Nach 24 Jahren bleibt ein Verlust von rund 55 Prozent.

Aus einer Investition zum Beispiel in Höhe von 10.000 € sind dann 4.500 € geblieben. Manche Experten hätten in den Jahren des Tiefstandes vielleicht nachgekauft.

Bei einer weiteren Investition mit der Telekom-Aktie im Jahr 2014 wären zum Beispiel aus 5.000 € bis zum Ende 2024 rund 15.000 € geworden. Damit also wieder im Gewinnbereich.

Das sind aber alles Spekulationen, die nicht für eine sichere Geldanlage geeignet sind.

Als positive Beispiele für eine Investition in Einzelaktien verweise ich auf die heute weltweit nach der Marktkapitalisierung wertvollsten Unternehmen in alphabetischer Reihenfolge mit Alphabet (Google), Amazon, Apple, Microsoft, Nvidia oder Saudi Aramco.

Die ersten fünf gehören zu den sogenannten Tech-Giganten.

Bei einem Vergleich mit der Aktienentwicklung zum Beispiel seit Anfang 2008 (ohne Saudi Aramco, deren Börsengang war erst 2019) wären damals aus einer Investition in Höhe von 1.000 € Anfang Dezember 2024 folgende Guthaben geworden (ohne Dividenden und Nebenkosten):

Seit Anfang 2008

Alphabet (bis 2014 Google)	15.800 €
Amazon	71.000 €
Apple	48.800 €
Microsoft	18.150 €
Nvidia	252.000 €

Beim Beispiel Nvidia sollte die Spezialisierung auf die Entwicklung der Künstlichen Intelligenz beachtet werden. Auf das Unternehmen bezogen ist es eine rein spekulative Angelegenheit.

Ich würde, wenn tatsächlich in Einzelaktien investiert werden soll, bei der Auswahl unter den nach der Marktkapitalisierung wertvollsten Unternehmen nicht nur die Konzerne aus dem Technologiebereich berücksichtigen, sondern auch umsatzstarke Unternehmen aus den Bereichen Energie, Finanzdienstleistungen und Einzelhandel.

Damit könnte das Risiko durch eine gleichzeitige Auswahl von je drei oder vier Einzelwerten aus den jeweiligen Bereichen in einem Depot ziemlich reduziert werden.

Bei einer langfristig angelegten Geldanlage sollte die jeweilige Zusammensetzung nach einigen Jahren geprüft und diese gegebenenfalls an die Ausgangslage (wertvollste Unternehmen) angepasst werden.

Fortsetzung zum Beispiel des Sohnes

Bei der Planung für die weitere finanzielle Altersvorsorge als Ergänzung seiner gesetzlichen Rente haben wir beide uns – wie schon erklärt - für eine Investition und Geldanlage

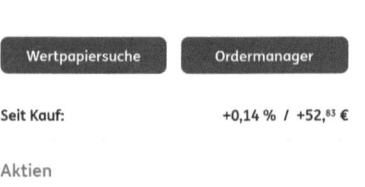

in börsengehandelte Indexfonds entschieden. Diese werden als ETF - „Exchange Traded Fund" bezeichnet. Bei der Auswahl der Fonds haben wir grundsätzlich auf einen weltweit geltenden Index geachtet, um Indizes nur für spezielle Regionen, Themen oder Branchen auszuschließen.

Die Auswahl fiel auf Fonds, die folgende Indizes nachbilden:

- MSCI World Net Total Return USD (bildet die Entwicklung globaler Aktienmärkte nach)

- MSCI World ex Europe (bildet Märkte großer und mittlerer Industrieländer ohne Europa nach)

- Core DAX (bildet Deutschen Aktienindex nach)

  Hinweis:
  Es sind vorstehend nur
  Beispiele persönlicher Art und
  ausdrücklich **keine** Empfehlungen.

Wir haben damit für uns eine Mischung gefunden, mit der zum einen sowohl die weltweite Entwicklung als auch diese ohne die europäischen Länder und zum anderen nur die Entwicklung des deutschen Aktienmarktes nachgebildet wird. Das Portfolio des Sohnes setzt sich also nur aus Aktienindexfonds zusammen.

Von Experten wird für eine Vermögensanlage zur Altersvorsorge allerdings eine Sicherheitsvariante empfohlen, die je nach Risikobereitschaft als defensiv, ausgewogen oder offensiv bezeichnet werden kann.

Der jeweilige Sicherheitsanteil mit einem Tagesgeld liegt danach bei 75 Prozent für vorsichtige Menschen, bei 50 Prozent für „normale" Personen und bei nur 25 Prozent Zinsanlagen für risikobereite oder jüngere Leute.

Die Experten von Finanztest der Stiftung Warentest nennen dieses Modell das Pantoffel-Portfolio oder den Pantoffel-Sparplan. Wer sich damit intensiver beschäftigen möchte, kann das mit dem Buch „Die Finanztest Strategie – Bequem Geld in ETF anlegen mit unserem Pantoffel-Portfolio".

Die Zusammenstellung des Portfolios des Sohnes ist ohne Sicherheitsanteil, weil wir davon ausgehen, dass dadurch zum einen die Rendite unnötig gemindert wird und dass zum anderen eine Teilsicherung unnötig ist, da bei einer Weltwirtschaftskrise erheblichen Umfanges auch die Sicherheitsanteile nicht viel weiterhelfen können.

Auch können spürbare Schwankungen wie zum Beispiel durch die Corona-Pandemie oder durch Kriegsereignisse mit einer langjährigen Laufzeit aufgefangen werden. Das ist unsere Einstellung, die weder zutreffend noch nachahmenswert sein muss.

Für den Sohn besteht seine finanzielle Altersvorsorge damit aus den drei Säulen:

- Gesetzliche Altersrente

- Eigentumswohnung

- Aktiendepot mit ETFs

mit ungefähr folgenden auf das Rentenalter hochgerechneten Anteilen

40%	30%	30%.
(Rente	ETW	Depot)

Es ist etwa zehn Jahre vor dem Rentenalter eine Prüfung der Kapitalmarktlage zu empfehlen, um auf mögliche Verwerfungen reagieren und gegebenenfalls umstellen zu können. Bei einer schlechteren Börsenlage käme ein höherer Anteil mit Zinsanlagen infrage.

Andererseits wäre das gleiche auch bei einer sehr guten Aktienentwicklung in der letzten Zeit zu empfehlen, und zwar nach der alten Börsenweisheit, dass von Gewinnmitnahmen noch niemand arm geworden ist. Die Gewinne könnten – auch nur zum Teil - einem Tages- oder Festgeldkonto zugeführt werden.

Auch könnte etwa zur Hälfte der vorgesehenen Vermögensbildungsphase die bisherige Entwicklung dahingehend geprüft werden, ob eine Sicherung der bisherigen Erträge durch eine teilweise oder vollständige Veräußerung der Anteile sinnvoll ist. Wenn dann so entschieden würde, sollte der Wiedereinstieg zur Fortsetzung der Ver- mögensbildungsphase zu einem Zeitpunkt mit möglichst ähnlich hohen oder auch besser niedrigeren Kursen als bei der Veräußerung gewählt werden.

Mit dem Beginn des Rentenalters wäre auch über eine Fortsetzung der bisherigen Anlageform zu entscheiden. Das richtet sich nach dem aktuellen Stand des gesamten Vermögens im Vergleich zu den ursprüng- lichen Anlagezielen. Dabei sollte überlegt werden, wie viel für welchen Bedarf wahr- scheinlich noch benötigt wird.

Das kann zu einer Anpassung, Einstellung oder Fortsetzung der bisherigen Vermögensbildung führen. Das bleibt wegen der vielen möglichen Lebenssituationen in persönlicher und finanzieller Hinsicht dann Ihrer individuellen Entscheidung überlassen.

Weitere Hinweise zu ETFs (Exchange Traded Funds)

Die Nachteile von ETFs liegen in der Vielzahl der Angebote mit unterschiedlichen Indizes, wie bestimmte Themen oder Branchen oder Schwellenländer. Eine Spezialisierung ist vor allem für ein Vorhaben zur Altersvorsorge nicht zu empfehlen. Davon ist wegen des Risikos abzuraten. Es soll auch vorkommen, dass Finanzvermittlungen oder Finanzberatungen spezielle ETFs für riskante und teure Geldanlageprodukte anbieten und dafür gute Provisionen kassieren.

Ich empfehle eine Planung und Umsetzung des Vorhabens möglichst in Eigenregie unter Berücksichtigung der bereits genannten Empfehlungen von Finanztest der Stiftung Warentest und von Finanztip der gemeinnützigen Finanztip Stiftung.

Dadurch können unnötige Kosten durch eine unseriöse Vermittlung oder Vermögensverwaltung vermieden werden. Keinesfalls sollten separate Vermittlungsvereinbarungen oder Honorarverträge abgeschlossen werden.

Es ist heutzutage verhältnismäßig einfach, ein Konto und ein Depot bei einer Direktbank zu errichten und dann einen Sparplan mit einem oder mehreren ETFs mit dem MSCI World Index und gegebenenfalls in Kombination mit einem Tages- oder Festgeldkonto abzuschließen.

Die laufende Verwaltung ist ebenfalls einfach, da jederzeit zusätzliche Einzahlungen, höhere oder geringere Sparraten oder andere Aktionen wie Einstieg, Ausstieg oder Umstieg möglich sind.

Falls Sie sich für eine Geldanlage mit Aktien in Form von ETFs entscheiden sollten, empfehle ich außerdem, sich über die Zusammensetzung und die jeweiligen Anteile der Länder und der Einzelwerte anhand der Produktbeschreibungen zu informieren.

Es hat nicht jeder weltweit anlegende Fonds die gleiche Zusammensetzung. Diese kann erheblich variieren.

Zum Beispiel können Länder, Regionen oder Branchen ausgeschlossen werden und unter anderem ist China als weltweit zweitgrößte Volkswirtschaft nicht in jedem Fonds vertreten.

Es hat zudem ein weltweit orientierter ETF mit einer Bezeichnung wie zum Beispiel „MSCI All Country World" in der Zusammensetzung keineswegs gleichmäßige Anteile aller Unternehmen und Länder. Die Zusammensetzung mit Unternehmen aus 23 Industrieländer und 24 Schwellenländer richtet sich in erster Linie nach der Marktkapitalisierung der Firmen.

Und hier sind aktuell (im Dezember 2024) die Unternehmen Apple, NVIDIA, Microsoft, Amazon, Meta, Alphabet A und Alphabet C (vormals Google) mit den höchsten Einzelanteilen vertreten.

Diese Unternehmen haben allein zusammen einen Anteil am ETF von gut 18 Prozent. Der Rest verteilt sich auf Unternehmen, die jeweils mit weniger als ein Prozent beteiligt sind.

Dadurch ist auch der jeweilige Länderanteil unterschiedlich gewichtet. So liegt der Anteil der USA bei gut 64 Prozent und der von Deutschland nur bei 2 Prozent.

Wenn die Wirtschaft und die Unternehmen in den USA schwächeln und die Aktienkurse sinken sollten, würde sich das erheblich auf die Performance des ETF auswirken. Wenn das nur in China oder Deutschland sein sollte, wäre das deutlich weniger der Fall.

Da in unserer globalen Welt – vereinfacht gesagt - aber mehr oder weniger alles miteinander verbunden ist, kommt es vor allem auf die wirtschaftliche Lage und Situation in den Industrieländern an. Wenn es zum Beispiel einen kurzzeitigen Börsen-crash wie kürzlich in Japan geben sollte, reißt das auch die Aktienkurse weltweit mit runter.

Das Verhältnis war vor knapp zwanzig Jahren noch ein anderes. Im Jahr 2007 war lediglich ein Drittel der Unternehmen im MSCI World Index aus den USA und knapp die Hälfte aus Europa.

Wer also aktuell der US-amerikanischen Wirtschaft und deren größten Unternehmen im Hinblick auf die Entwicklung in den nächsten Jahren keine positiven Ergebnisse zutraut, könnte diese Positionen und Anteile im Vermögensdepot reduzieren. Ob das aber eine gute Entscheidung wäre, würde sich erst später zeigen. Denn: Hinterher ist man immer schlauer. So ist das auch an der Börse.

Ich möchte Sie damit nicht verunsichern und auch nicht von der Vermögensbildung abhalten. Keineswegs sollten Sie die Vermögensvorsorge bleibenlassen oder vernachlässigen.

Eine Vermögensanlage basierend auf dem MSCI World Index halte ich immer für eine gute und richtige Entscheidung, zumal dieser Index jeweils die aktuelle Situation abbildet und damit nicht statisch, sondern flexibel die Weltwirtschaftslage wiedergibt.

Ich bitte zu beachten, dass diese Hinweise nicht vollständig sind und meine Meinung zu bestimmten Themen keinen allgemeingültigen Anspruch haben kann. Die Eigeninitiative und die Informationsbeschaffung für Ihre eigenen Entscheidungen können nicht ersetzt werden. Vielleicht haben Sie aber hilfreiche Anregungen dazu erhalten.

3.3 Verfügungen für ein selbstbestimmtes Leben

Die Voraussetzungen

Wir alle wissen, dass es im Leben auch unangenehme, belastende oder schwerwiegende Ereignisse und Umstände geben kann, bei denen jemand nicht mehr in der  Lage ist, die persönlichen Angelegenheiten selbst zu regeln und über diese selbst zu entscheiden. Es sollte sich grundsätzlich jeder volljährige Mensch mit einer solchen Situation beschäftigen.

Der Schlüssel zur persönlichen Kontrolle und Selbstbestimmung der Lebensumstände (nicht nur) im Alter ist in bestimmten Vorsorgeregelungen zu finden. Dazu gehören vor allem:

Testament,

Vorsorgevollmacht,

Patientenverfügung,

Betreuungsverfügung.

Auch ein Testament ?

Ein Testament gehört nicht unbedingt zu den klassischen Vorsorgeverfügungen, kann aber als Maßnahme zur Altersvorsorge gelten, um vor allem bei Paaren die Regelungen der Erbfolge individuell im Verhältnis zu möglichen Miterben festzulegen. Wer von der gesetzlichen Erbfolge abweichen will, muss ein Testament erstellen oder einen Erbvertrag abschließen.

Bei Paaren ist häufig ein gemeinschaftliches Testament der Fall. Das dürfen aber nur Eheleute oder eingetragene Lebensgemeinschaften.

Marion und ich haben uns, als wir noch ein Haus hatten, testamentarisch zu gegenseitigen Alleinerben eingesetzt. Damit würde der überlebende Teil weiter in dem ihm nun allein gehörenden Haus bleiben können und eine Aufteilung des Erbes im Rahmen der gesetzlichen Erbfolge auf mehrere Erben vermieden.

Die gebräuchlichste Form wird „Berliner Testament" genannt. Danach ist der länger lebende Teil zunächst Alleinerbe. Kinder erben erst nach dessen Tod.

Ein gemeinschaftliches Testament kann nur gemeinsam geändert werden. Eine alleinige Änderung ist nur vor einem Notar möglich, der diese Willenserklärung beurkundet und dem anderen Teil zukommen lässt.

Nach dem Tod eines Partners kann das gemeinschaftliche Testament nicht widerrufen und nicht geändert werden.

Allerdings ist eine Änderungsklausel im gemeinschaftlichen Testament möglich. Damit kann der überlebende Teil das Testament ändern oder neu fassen.

Ein Testament muss selbst vollständig mit der Hand geschrieben und unterschrieben werden. Die Unterschrift unter einen gedruckten Text oder einen Ausdruck reicht nicht. Ort und Datum müssen nicht sein, sind aber besser vor allem zur Klärung, wenn mehrere Testamente vorliegen, da immer das zuletzt verfasste gültig ist.

Ein notarielles Testament empfiehlt sich vor allem bei sehr vermögenden Personen, bei Grundbesitz, bei Betriebs- oder Geschäftsvermögen oder komplizierteren Familienverhältnissen.

Ein Notar ist verpflichtet, bei der Abfassung des letzten Willens zu helfen. Das können steuerliche oder erbrechtliche Hinweise sein.

Warum eine Vorsorgevollmacht ?

Im Leben sind unabhängig vom Alter immer Überraschungen sowohl positiver als auch negativer Art möglich. Zu den negativen Beispielen gehören Unfälle und schwere Erkrankungen.

Wenn Sie vorübergehend oder dauerhaft nicht entscheidungsfähig sind, können Bevollmächtigte die Entscheidungen übernehmen und rechtliche sowie finanzielle Nachteile vermeiden.

Eine Vollmacht ist erforderlich, wenn eine andere Person in meinem Namen handeln soll. Andere Personen können ohne Vollmacht nicht für mich tätig werden. Zu den anderen Personen gehören auch Ehefrau oder Ehemann, Mutter oder Vater, Kinder oder andere Verwandte.

Eine Vorsorgevollmacht für eine Vertrauensperson verhindert im Falle einer länger dauernden Entscheidungsunfähigkeit die Bestellung einer wahrscheinlich fremden ehrenamtlichen oder hauptberuflichen

Betreuungsperson durch das zuständige Betreuungsgericht.

Für manche Fälle ist allerdings eine notarielle Beurkundung erforderlich. Das gilt vor allem für Immobilien- und Darlehensangelegenheiten. Die Beurkundung wird auch  von Banken anerkannt, dann ist eine besondere Bankvollmacht nicht mehr nötig.

Der erste Schritt für die Erstellung einer Vorsorgevollmacht, die auch General-vollmacht genannt werden kann, ist die Entscheidung für eine Person des persönlichen Vertrauens.

Mit dieser Person sollten die Wünsche und Vorstellungen für den Fall von Krankheit, Unfall, Entscheidungsunfähigkeit und das Lebensende besprochen werden.

Die bevollmächtigte Person kann auch die Befugnis zur Erteilung von Untervollmachten erhalten.

Im zweiten Schritt werden die jeweiligen Aufgaben- und Entscheidungsbereiche festgelegt.

Dazu gehören Gesundheit und Pflege, Wohnung und Aufenthalt, Banken und Sparkassen, Immobilien und Versicherungen, Behörden und Einrichtungen, Justiz und Freiheitsbeschränkung. Dabei ist eine Aufteilung der Aufgabenbereiche auf mehrere Personen möglich, da sich nicht alle Menschen in allen Bereichen gleichermaßen auskennen.

In einem dritten Schritt wird geprüft, ob ergänzende Vollmachten für bestimmte Bereiche erforderlich oder sinnvoll sind.

Eine zusätzliche Bankvollmacht wird in vielen Fällen notwendig und sinnvoll sein, da sich Banken und Sparkassen oft weigern, eine Vorsorgevollmacht mit einer einfachen Unterschrift zu akzeptieren.

Das würde zwar nach der aktuellen Rechtslage ausreichen, aber mit mehr Aufwand und Problemen verbunden sein.

Einfacher wäre, wenn rechtzeitig eine eigene Kontovollmacht durch die jeweilige Bank oder Sparkasse mit einer Unterschrift der bevoll-mächtigenden und der bevollmächtigten Person erstellt würde.

Was bedeuten Patientenverfügung und Betreuungsverfügung ?

Es sollte im dritten und letzten Schritt auch sorgfältig überlegt werden, ob mit der Vorsorgevollmacht eine Patientenverfügung verbunden wird. Eine Patientenverfügung ist sowohl etwas umfangreicher als auch eine sehr persönliche Angelegenheit.

Marion und ich haben eine eigene Patientenverfügung erstellt und diese als  Anlage unserer Handlungs- und Vorsorgevollmacht beigefügt, so dass sie auch einzeln eingesetzt werden kann.

In einer Patientenverfügung werden die eigenen Entscheidungen ausführlich und so konkret wie möglich beschrieben, wie in fast aussichtslosen Situationen am Lebensende durch die Ärzteschaft verfahren werden soll.

Es reicht dabei nicht aus, etwa „lebensverlängernde Maßnahmen" auszuschließen. Es muss genau festgehalten werden, welche Maßnahmen in welchen Situationen für welche Körperorgane gemeint sind und welche nicht.

Seit Anfang 2023 gilt ein neues sogenanntes Notvertretungsrecht für medizinische Notfallsituationen, das im Bürgerlichen Gesetzbuch eingefügt worden ist. Danach können sich Ehegatten und eingetragene Lebensgemeinschaften gegenseitig vertreten für maximal sechs Monate, wenn keine Vorsorgevollmacht oder Patientenverfügung vorliegt. Diese Notvertretung gilt nur für medizinische Notfälle und nicht für rechtliche oder finanzielle Angelegenheiten.

Mit einer Betreuungsverfügung wird geregelt, welche Person dem Betreuungsgericht für den Fall einer gesetzlichen Betreuung als Vertretung für den Notfall vorgeschlagen wird.

Das Betreuungsgericht muss dieser persönlichen Verfügung nicht folgen, wird das aber in den meisten Fällen tun. Wir selbst haben unsere Betreuungsverfügung als eine Anlage zur Handlungs- und Vorsorgevollmacht erstellt.

Bei Fragen und für Informationen helfen Ihnen die bei den Landkreisen und kreisfreien Städten eingerichteten amtlichen Betreuungsstellen weiter.

Ergänzende Hinweise

Die einzelnen Vorsorgeverfügungen gelten jeweils für bestimmte Lebenssituationen, so dass diese Verfügungen praktisch und sinnvoll sind, um im Fall des Falles bestimmte Regelungen und Entscheidungen im eigenen Sinn sichergestellt und Probleme möglichst vermieden zu haben.

Diese Vorsorgeverfügungen unterscheiden sich vereinfacht wie folgt:

- Eine Vorsorgevollmacht stellt sicher, dass eine Vertrauensperson notwendige Entscheidungen vor allem in Gesundheits-, Geld-und Rechtsangelegenheiten trifft, wenn jemand dazu nicht in der Lage ist.

- Eine Patientenverfügung regelt Art und Umfang der ärztlichen Behandlung in einem medizinischen Notfall und vor allem in Situationen vor dem Lebensende.

- Mit einer Betreuungsverfügung soll sichergestellt werden, welche Personen als Betreuende im Sinne des Betreuungsrechts eingesetzt werden.

Die Verfügungen können zwar alle in einem Gesamtwerk zusammengefasst werden, jedoch sind allein wegen der besseren Übersicht und Handhabung Einzelregelungen zu empfehlen.

Die einzelnen Verfügungen können in einem Notfallordner digital oder herkömmlich aufbewahrt werden, damit sie im Bedarfsfall alle griffbereit vorliegen. In diesen Ordner könnten auch andere wichtige Dokumente wie Familienurkunden, Versicherungspolicen etc. gehören.

Im heutigen Computer-Zeitalter können Sie bei einer Nutzung des Internets die Dokumente auch in eine sogenannte Cloud mit einem externen Server und großen Datenspeicher als digitale Kopie übertragen.

Ein Online-Speicher soll sicher sein und jederzeit genutzt werden können. Die Originale, die für manche Zwecke noch erforderlich sind, werden dadurch aber nicht ersetzt.

Gute Beispiele für wichtige Web-Adressen

Die gesetzlichen und rechtlichen Anforderungen zu den persönlichen Vorsorgeverfügungen erfordern für Nichtfachleute, zu denen die meisten Menschen gehören, einen erheblichen Zeit- und Arbeitsaufwand.

Ich nenne daher - nur als Beispiele und ohne Anspruch auf Vollständigkeit - verschiedene Web-Adressen, unter denen Sie hilfreiche Informationen und Vordrucke, auch mit Textbausteinen zur weiteren Verwendung, erhalten können.

Um zu den einzelnen Web-Seiten zu gelangen, reicht bei der Sucheingabe das jeweilige Thema aus. Den Anfangspassus „*https://www.*" und die Endungen können Sie immer weglassen.

Unter den angezeigten Vorschlägen können dann die genannten Stellen gefunden werden.

Es muss also nicht jeweils der vollständige Link eingegeben werden.

Thema Vorsorgevollmacht:

Bundesministerium der Justiz:

https://www.bmj.de/DE/themen/vorsorge_betreuungsrecht/vorsorgevollmacht/.html

Verbraucherzentrale:

https://www.verbraucherzentrale.de/gesundheit-pflege/onlinevorsorgevollmacht-jetzt-kostenlos-erstellen-und-vorsorgen-76131

Finanztip:

https://www.finanztip.de/vorsorgevollmacht/

Thema Patientenverfügung:

Bundesgesundheitsministerium:

https://www.bundesgesundheitsministerium.de/patientenverfuegung

Bundesministerium der Justiz:

https://www.bmj.de/DE/themen/vorsorge_betreuungsrecht/

patientenverfuegung/patientenverfuegung_node.html

Verbraucherzentrale:

https://www.verbraucherzentrale.de/patient enverfuegung-online

Online-Lexikon Wikipedia:

https://de.wikipedia.org/wiki/Patientenverf %C3%BCgung

Thema Betreuungsverfügung:

Bundesministerium der Justiz:

https://www.bmj.de/SharedDocs/Download s/DE/Formular/Betreuungsverfuegung.pdf? blob=publication

Online-Lexikon Wikipedia:

https://de.wikipedia.org/wiki/Betreuungsve rf%C3%BCgung

Gesamtthematik (alle zusammen):

Bundesnotarkammer-Zentrales Vorsorgeregister:

https://www.vorsorgeregister.de/hilfe/vorso rgeangelegenheiten/die-betreuungsverfuegung

Verbraucherzentrale:

https://www.verbraucherzentrale.de/wissen/gesundheit-pflege

Bundesärztekammer:

https://www.bundesaerztekammer.de/bundesaerztekammer/patienten/patientenverfuegung

Stiftung Warentest – Buch-Shop (kostenpflichtig):

https://www.test.de/shop/steuern-recht/das-vorsorge-set-sp0411/

Bundesministerium der Justiz

https://www.bmj.de/DE/service/formulare/formulare_muster_node.html

Noch etwas Persönliches

Für die Söhne als unsere Hinterbliebenen und auch für Marion, falls ich zuerst sterben sollte, habe ich in einer Übersicht für den Todes- und Erbfall alle wichtigen Angelegenheiten und die entsprechenden Maßnahmen zusammengestellt.

Dazu gehören Konten, Sparbücher, Versicherungen, Verträge (Wohnung, Strom, Internet, Handys, Abos), Mitgliedschaften, Steuer- und Rentenbescheide mit den jeweiligen Zugangsdaten oder Aktenzeichen. Das dürfte neben unserem Testament die Regelung des Nachlasses wesentlich vereinfachen.

Marion und ich haben außerdem in einer Bestattungsverfügung den Ort, die Art und den Ablauf unserer Beerdigung festgelegt, da uns von den zahlreichen Beisetzungen, an denen wir bisher teilnahmen, nur wenige dem Anlass entsprechend gefielen.

Wir haben zum Beispiel geregelt, dass wir in unserem Heimatdorf beerdigt werden und dass wir keine mehr oder weniger gesungenen Kirchenlieder hören möchten.

Für Marion sollen zwei Songs der BeeGees und für mich unter anderem der Titel „What a wonderful world" von Louis Armstrong gespielt werden.

Damit möchte ich mit dem Ende meines Lebens an die trotz allem vorhandenen schönen Dinge in unserer Welt erinnern.

Schlussbemerkungen

Es beschäftigen sich viele Bücher mit dem Thema „Alter". Darunter sind Ratgeber über die finanzielle Altersvorsorge oder die Gesundheit im Alter oder auch philosophisch gehaltene Lebensempfehlungen.

Meine Absicht ist vielmehr, Ihnen als Leserin und als Leser die möglicherweise auf Sie zukommenden gesundheitlichen, sozialen und finanziellen Probleme im Alter nähergebracht zu haben. Das Erkennen eines Problems ist bekanntlich der erste Schritt zu dessen Lösung.

Ich habe an mehreren Stellen eine altersgerechte Wohnung in einer zentralen Stadtlage erwähnt, mit der bereits viele altersbedingte Probleme aufgefangen werden können.

Es ist noch keine fünfzig Jahre her, da konnte man sich in unserem Dorf mit damals rund 600 Menschen selbst versorgen.

Es gab fast alles vor Ort. Viele Handwerksbetriebe, Lebensmittelladen, Gaststätten,

Pensionen, Tankstelle, Volksbank, Sparkasse, Pflegeheim und Fabriken.

Geblieben sind zwei Handwerksfirmen gleicher Art, ein Reparaturzentrum eines großen Industriekonzerns und das Dorfgemeinschaftshaus ohne Bewirtung. Einkaufen, Geld holen oder in die Kneipe gehen kann man hier nicht mehr.

Es könnte vielleicht helfen, wenn mehr ältere Menschen in die Städte und dafür mehr jüngere Leute aufs Land ziehen würden. Dann entstünde eine größere Nachfrage an Einrichtungen der Infrastruktur und es könnte wieder mehr Leben in den Dörfern geben.

Das würde zum einen den älteren Menschen helfen und zum anderen auch dem gesellschaftlichen Zusammenleben von Jung und Alt dienen. Eine gute Mischung hat noch nie geschadet.

Das Leben im Alter dreht sich vor allem um die Fragen „Was ist mit der Gesundheit", „Habe ich genug Geld zum Leben?", „Kann ich in meiner Wohnung bleiben?" und „Was ist im Betreuungs- und Pflegefall?".

Dazu habe ich in den einzelnen Kapiteln Maßnahmen und Vorsorgemöglichkeiten aufgezeigt.

Wenn sich der Mensch kurz vor oder mit dem Rentenalter immer noch nicht mit diesen Fragen beschäftigt, finde ich das ziemlich egoistisch und verantwortungslos, da sich dann – falls es mit den Angehörigen nicht so abgesprochen sein sollte - die Kinder oder andere Personen unvorbereitet um dessen persönliche Probleme im Betreuungs- oder Pflegefall kümmern müssen.

Und es würde auch im Todesfall eines Angehörigen oder einer verwandten Person durch einen Nachlass in Form von Vermögen oder auch als Schulden die Frage der Übernahme des Erbes und die Regelung von weiteren Angelegenheiten zunächst ungeklärt sein.

Ich verfolge seit vielen Jahren die sozialpolitische Entwicklung in unserem Staat. In den letzten Jahren habe ich gefühlt eine massive Zunahme von Negativmeldungen nicht nur für die jüngeren Generationen wahrgenommen.

Ich meine damit die neben der Klimathematik und den Kriegsereignissen vorhandenen Problembereiche sozialer Art.

Wie zum Beispiel die aktuelle Rentenreform zu Lasten der jüngeren Menschen, den Pflegenotstand und die unzureichende Finanzierung der gesetzlichen Pflegeversicherung, den Arbeits- und Fachkräftemangel, den fehlenden altersgerechten Wohnraum oder die Zunahme von radikalen Entwicklungen, um nur einige zu nennen.

Daran kann der einzelne Mensch wenig ändern. Wenn, dann nur zusammen mit anderen in einer starken Gemeinschaft.

Sie können aber für sich selbst als einzelne Person vorsorgen. Am besten früh und auch später ist noch besser als gar nicht.

Ich möchte Ihnen empfehlen, sich ausgiebig mit dem Thema „Leben im Alter" zu beschäftigen. Einige Hinweise und Fundstellen für weiterführende Informationen haben Sie vorliegend erhalten.

Diese lassen sich in Anlehnung an die im Anhang dargestellte Zeitschiene auch als eine Drei-Stufen-Planung zusammenfassen.

In einem ersten Schritt wird frühzeitig die Vermögensbildung als finanzielle Altersvorsorgemaßnahme vorbereitet und geregelt.

Und zeitnah werden auch die persönlichen Vorsorgedokumente zusammengestellt, wie Vorsorgevollmacht, Patientenverfügung und andere.

Einige Jahre später wird entschieden, wo und wie und ggf. wann das Leben im Alter stattfinden soll. In diesem Zusammenhang findet in der Folge nach einer Informations-beschaffung die konkrete Auswahl der verschiedenen Möglichkeiten dazu mit Voranmeldungen, Reservierungen oder ähn-lichen Sicherungsmaßnahmen statt.

Im letzten Schritt werden je nach Bedarfslage die vorherigen Maßnahmen realisiert und in die Tat umgesetzt für ein gutes, zufriedenes und selbstbestimmtes Leben im Alter.

Diese Stufenplanung ist nicht statisch. Es sind je nach dem bisherigen Verlauf des Lebens zeitliche und sachliche Anpassungen oder Änderungen möglich. Die wichtigen Lebensentscheidungen bleiben also immer Ihnen selbst überlassen.

Ich wünsche Ihnen, dass Sie sich auch im Alter wohlfühlen und für sich ein zufriedenes Leben führen können.

Ob dazu ein Leben in der Hängematte gehören würde, bleibt natürlich Ihnen überlassen.

Und zum Schluss noch ein Hinweis:

Auf meiner Homepage

„www.alter-mit-zukunft.de"

finden Sie weitere Anregungen, Informationen
Erläuterungen und Übersichten zum Thema

„Leben im Alter".

alter-mit-zukunft.de

Zeitschiene für die Altersplanung

Spätes tens	Voraus- setzungen	Beginn		
ab 30	Vermögensbildung vorbereiten			
	Vorsorgevollmacht erledigen			
	Patientenverfügung Testament ggf.			
ab 50	Wohnungsplanung altersgerecht, barrierefrei			
	Nahversorgung berücksichtigen			
	Infrastruktur beachten			
ab 70	Versorgungs- planung mit Info Betreuungs- formen im Alter			
	Planung und Regelung eines Betreuungs- und Pflegefalls			
	Auswahl von passenden Angeboten, ggf. Anmeldung			
	Alle auch vorher jederzeit möglich			

Hinweise:

Die Jahreszahlen zum Zeitpunkt dienen nur als grobe Anhaltswerte. Die genannten Maßnahmen richten sich vor allem nach den persönlichen Lebenssituationen und Lebensumständen.

Zur Vermögensbildung sollte ab dem Rentenalter sowohl nach der Einkommens- und Bedarfslage als auch nach dem Vermögensstand entschieden werden, ob eine weitere Vermögensbildung erforderlich ist. Sie könnte auch eingeschränkt fortgesetzt oder ganz eingestellt werden.

Anhang 2

Eignungstest Wohnort

Für die Klärung der Frage, ob mein Wohnort (Dorf, Gemeinde, Orts- oder Stadtteil, Stadt, Großstadt) für ein gutes und selbstbestimmtes Leben im Alter geeignet ist, bietet sich der nachfolgende Test an:

Fragen

A. Im politischen gesellschaftlichen Sinn:

Gibt es auf der kommunalen Ebene
verbindliche Altenhilfestrukturen
mit einer Sozialplanung (2 P.),
einem Seniorenplan (2 P.),
einer Pflegeplanung (2 P.) und /oder
einer Quartiersentwicklungsplanung (2 P.) ?

B. Im lebenspraktischen Sinn:

Sind folgende Dienste, Angebote und Strukturen
vorhanden?

- Fußläufige Erreichbarkeit von Arztpraxen,
- Nahversorgung mit Einkaufsmöglichkeiten,
- Alltagstauglicher ÖPNV,
- Ambulante Pflegedienste,
- Stationäre Pflegeeinrichtungen,
- Möglichkeiten des Betreuten Wohnens oder ähnliche Angebote,

- Wohngemeinschaften für ältere Menschen (auch mit Jüngeren),
- Tagespflegestellen,
- Sport- und Reha-Zentren,
- Fußgängerfreundliche Verkehrswege,
- Gruppen- und Gemeinschaftsangebote für diverse Aktivitäten,
- Sozial-Beratung durch gemeinnützige oder kommunale Organisationen,
- Pflegestützpunkte (kommunal oder freigemeinnützig).

Auswertung:

Unter A. : Jeweils 2 Punkte, falls mit „ja" beantwortet.

Unter B.: Jeweils 1 Punkt, falls mit „ja".

Höchstmögliche Punktzahl: 21

17 bis 21 Punkte:	sehr gute Eignung
12 bis 16 Punkte:	gute Eignung
8 bis 11 Punkte:	befriedigende Eignung
5 bis 7 Punkte:	ausreichende Eignung
2 bis 4 Punkte:	mangelhafte Eignung
0 bis 1 Punkt:	ungenügende Eignung

*****   *****